suhrkamp taschenbuch 1432

Ein abwechslungsreicher Band zum Sichhineinversenken oder Hin- und Herschweifen, der in das gegenwärtige Wien führt. Neun Wiener Autorinnen werden vorgestellt, deren Texte nicht aus der Erzeugung schönen Scheins leben, auch nicht aus dem wohligen Quellen negativer Gefühle. Es sind Texte, die mit avancierten Mitteln, mit ironischen Brechungen und Beugungen, mit Wut und Witz und Sprachspiel, mit Traumbildern und Wortlitaneien die gängigen Klischees des Bewußtseins, der Sprache und der Gefühle unterlaufen und brechen. Gegen die Natur- und Weiblichkeitsmythen, ungläubig und ungehorsam gegenüber den herrschenden Ordnungen, zerstören sie die Hierarchie des Erzählens, mischen die Wirklichkeitsebenen von Realität und Traum, Denken und Fühlen, Außen und Innen. Sie demontieren, daß die Fetzen fliegen, die kranken Alltagslügen und gehen den verdrängten Begierden und der verdrängten Geschichte der Frauen nach.
Die beigefügten Manuskriptseiten und Selbstaussagen erlauben einen Blick auf die Innenseite der Schreibarbeit.

Blauer Streusand

von

Friederike Mayröcker
Elfriede Gerstl
Marie-Thérèse Kerschbaumer
Liesl Ujvary
Heidi Pataki
Elfriede Jelinek
Katharina Riese
Neda Bei
Magdalena Sadlon

*Herausgegeben
und mit einem Nachwort
versehen
von Barbara Alms*

Suhrkamp

Umschlagmotiv: Viktor Brauner, *Mutation de la Natalie*, 1961

suhrkamp taschenbuch 1432
Erste Auflage 1987

Textnachweise am Schluß des Bandes
Suhrkamp Taschenbuch Verlag

Satz: Hümmer GmbH, Waldbüttelbrunn
Druck: Ebner Ulm
Printed in Germany
Umschlag nach Entwürfen von
Willy Fleckhaus und Rolf Staudt

1 2 3 4 5 6 – 92 91 90 89 88 87

Inhalt

ELFRIEDE GERSTL
grüssen, gehen, stehen (beschreibung eines wiener ausschnitts mit gemischten mitteln) 9

LIESL UJVARY
»Wie gehts?« 14
Was die Welt zusammenhält 15
Heraus damit! 16

FRIEDERIKE MAYRÖCKER
wienumschlungen 19
Friederike Mayröcker im Gespräch 1983 21
kleines Öl 22
weshalb man immer hartnäckiger 25

HEIDI PATAKI
schicksals nixe oder epitaph für ein »i« 27
gut & schön 28
schöner wohnen 29
frühlings wachen 30

FRIEDERIKE MAYRÖCKER
blauer Streusand 31
Lebenskünstler 33
die Überflutung 34

ELFRIEDE JELINEK
Der Wald 35
Elfriede Jelinek im Gespräch 1985 41
In den Waldheimen und auf den Haidern 42

NEDA BEI
phallus (P) 45
Marginalie 46

ELFRIEDE JELINEK
Phallus (H) 47

MARIE-THÉRÈSE KERSCHBAUMER
wovon träumt aber der kranke General 48
Masken unterirdisch 54
Gesicht 57
Vor der Küste 58

MAGDALENA SADLON
6 Anagramme 59
Die zaertlichgrossen Seelen, die nimmer sind 59
Wahnsinn und gerechte Gesellschaft 59
Morgen wird alles ein Ende haben 60
Und meine Asche liegt 60
Ein trueber Spaziergang im Mai. Wolken 61
Warum ein erotisches Gedicht lieben 61
Textcollage. Das Anagramm 63

LIESL UJVARY
Tiere. Ein Kapitel aus der Traumarbeit 65
Es ist ja alles ganz anders 72

HEIDI PATAKI
autodafé 73
Red River 74
winter 76
angel esterminador 77
verbannung 79
süße fülle 81
von der paradoxie des gedichts 82

NEDA BEI
GOTT & TOT 84

ELFRIEDE GERSTL
ratschläge für einen literaten 105
Balance – Balance 106
guten morgen – guten morgen 107
konkrete poeten und die es einmal waren 108

MARIE-THÉRÈSE KERSCHBAUMER
Aloe, o Aloe 109
Marie-Thérèse Kerschbaumer im Gespräch 1985 113

FRIEDERIKE MAYRÖCKER
comicstrip, eine Oper 114
BONANZA oder UNSTERN ÜBER WIEN 117
Die meine Arbeit begleitenden Theorien und Ansichten 120

ELFRIEDE JELINEK
Bild und Frau 121
Begierde & Fahrerlaubnis (eine Pornographie) 122

MAGDALENA SADLON
4 Scrabble-Bilder 131

KATHARINA RIESE
Selbstportrait mit Taube 135
Nebenfach Kunstgeschichte 143
Kalte Krieger 148

LIESL UJVARY
Märchen zur Person 156

ELFRIEDE GERSTL
Begrüssung des Publikums 160
freunde 162
das weite feld des wohnens 163
in der sprache wohnen 164
Zustandsbilder 165
bussi bussi oder ein silvester in wien 168
Schriftsteller in Österreich 170

FRIEDERIKE MAYRÖCKER
Tod durch Musen (modell 9 / euterpe) 175

BARBARA ALMS
Nachwort 176

Biografisches, Textnachweise, Fotografien 191

Dank an alle, die in der Arbeit am Buch kennenzulernen ein Vergnügen war: an die Autorinnen, an die Salzburger Literaturwissenschaftlerin Christa Gürtler, an die Frauen vom »Wiener Frauenverlag«, an die in der »Dokumentationsstelle für neuere österreichische Literatur« Beschäftigten.

ELFRIEDE GERSTL

grüssen, gehen, stehen

(beschreibung eines wiener ausschnitts mit gemischten mitteln)

I

die duftige, luftige, gelüftete weite welt, das geblockte und das blocklose, kopflose, uneinige, kernige Europa und im herzen von diesem kern, dieses schnitzelförmige land und im dicken teil dieses schnitzels, dieses wurstfleckerlförmige wien, das daliegt wie ein vergessener kaiserschmarrn und inmitten von all dem schmarrn liegt er da herum, der 1. wiener gemeindebezirk mit allerhand kabanossiförmig gebogenen engen gassen und durch all diese schläuche (schlaucherln) geht eine linie, die ich nur selten überschreite, weil alles, was lose ist, ist los auf der anderen seite.
meine linie zieht sich (was soll sie schon machen) durch allerhand häuser und grundstücksachen, von der schwertgasse 2 zum altstadt-café, durch die kurrent zum stiebitz, am demel vorbei, die albertina streifend, im café museum mündend oder vertröpfelnd – soviel zur tageslichtlinie.
das abendliche gegehe und geschurl ereignet sich (ich ereigne) von der beschwerlichen erklimmung der seitenstätten absehend, vorwiegend hinterm stefans in der grünanger-kumpf-blut-bäkker-essig-schönlatern die erholungen ins abgasparfümierte freie (man spreche ah frischluft) werden abgewechselt von den erholungen vom abgehen der wichtigsten stationen, d. h. man schiebt sich halt in so einen vollgestellten schlauch (zotte) hinein, schiebend wird man besonders am wochenende von steh und trinkwilligen hineingeschoben in so einen begehbaren apfelstrudel, eine der nächsten wellen spült dich schon wieder hinaus wie (was) spricht die nase esso gasolin das gesicker aus der baugrube – hallo abendluft

wie in jedem dorf wird viel gegrüsst, mit der hand scheibenwischerartig von rechts nach links und zurück, oder mit eingebogenen fingern ciao ciao, oder luftbussi geworfen, guten tag herr doktor zum in-gynakologen oder zahnarzt, plauderei mit befreundeten thekenkäften (die ja auch heimlich malen, dichten, schaustellern) ~~Maxia~~ hansi, isa, rudi und den anderen beim kaffeetanken oder nachmittäglichen eintrinken.
während man eine bar verlässt um die nächste aufzusuchen, waren die anderen geher und steher nicht untätig, haben gezahlt oder anschreiben lassen und sich ebenfalls auf die umlaufbahn begeben durch alte höfe (heiligenkreuzer und andere) vorbei an kirchen gedenkgstätten und historischem gemäuerl vor dem sich sommers die traubenförmigen turistenklumpen postiert haben oder besser von ihrem reisebüro dort abgestellt worden sind – einige geher begegnet man mehrmals beim allgemeinen hin und her, wer wie ich niemals wohnen gelernt hat wohnt hier und wem seine familie schon immer auf die nerven gefallen ist hat hier eine ambulante familie gefunden, die sich ungebeten in gar nichts hineinvermischt und nicht ungeladen vor der wohnungstür steht.
endlich ~~wohnt~~ man hier wie anderswo und muss nicht mehr unbedingt ~~[illegible]~~

II

hurra bussi juchee, der bäckerdarm hat wieder neue ausstülpungen, das weiberl und das alt wien, da muss man rein. sollte es so sein (wie es ist) diese paar strassen, strassenzüge (zügerln) sind mein erweitertes wohn-wein-(wien)-wahn-zimmer, meine w.landschaft (nie hatte ich eine loggia für lauschende oder liegende latifundien, lamm- oder lederbezogenes, grad mal ein lager zum gradliegen, aber schon keinen winkel für herumsitzereien, dazu hab ich ja immer diese stickigen (stuckigen) darmzotten aufgesucht, diese verrauchten (nicht verruchten) uteri, denn dass jeder wo reinwill, wie das schweinsbratl in sein reindl, das hat der große sigi nicht erfunden, selbst inmitten der schönsten namen – guck lugeck, sing in der singer, balester in der ball, stöckel in die blumenstock, bei tag oder bei nebel, in den nächten der messerwetzer, und selbst im lichte der aufklärung – allein unter freiem himmel geht auch der besoffene trottel von zottel zu zottel

III

im alt wein steht die helga mit einem achtel und einem wichtel, dem soll ich einem trenchcoat besorgen, dem fritzl muss ich einen zwanziger borgen und der hasi umsorgt heut die verkaterte Adi, die war gestern mit dem flip auf trip, hauptsache die evi hat doch keinen tripper von ihrem aufgegabelten tropf, aber dem fehlts nur im kopf, und ich grüss den heinzi und den franz und den mit dem huscher, und der günter steht schon seit gestern da auf seinen füssen, fett aber adrett, und will nicht ins bett.

IV

und die sich da andudeln und andodeln, gebieten sie über geheime geldadern, sind sie meister des grossen schnorrerordens, hackeln sie oder die alte etwa schwer im verborgenen – freilich ja und nein – nur dass ihre exzentrik einem ausgelatschten pfad folgt, gefällt manchen gar nicht und dass die anatomie der abweichung eine beschriebene und katalogisierte ist. stadtzeitungen und bücher listen auf, wo der exzess stattfindet, in einer breitgefächerten szene läuft die kommunikation auf geölten schienen, schuldbewußt ist neuerdings nur der ängstliche heimhocker der die öffentliche selbstdarstellung meidet, und auch dessen autonomie ist eine scheinhafte, vorherbestimmbare.

V

wenn ich aus der kleeblatt in die tuchlauben schwenke, seh ich weder klee noch blatt, nicht tanten unter tannen, noch wichteln unter fichteln, vielmehr durchwandere ich einen wald von waren, für deren wahrheit und recht (er) schaffenheit bürgt ein wald von bürgern und bürgen mit ihrem (wie man sagt guten) namen, oftmals untergehakt im duo wie wondra & zwickel. wie spricht der wald zu meinen erhobenen augen – vartian & söhne, willheim & taegel, schelhammer & schattera, penicek & rainer, wozak & werl – ich gehe durch die landschaft der angebote und verheissungen (kaufe, auf dass es dir wohlergehe...)

VI

wie in jedem dorf wird viel gegrüsst, mit der hand scheibenwischerartig von rechts nach links und zurück, oder mit eingebogenen fingern ciao ciao, oder luftbussi geworfen, guten tag herr doktor zum in-gynäkologen oder zahnarzt, plauderei mit befreundeten thekenkräften (die ja auch heimlich malen, dichten, schaustellern) mit hansi, isa, rudi und den anderen beim kaffeetanken oder nachmittäglichen eintrinken.
während man eine bar verlässt, um die nächste aufzusuchen,

waren die anderen geher und steher nicht untätig, haben gezahlt oder anschreiben lassen und sich ebenfalls auf die umlaufbahn begeben durch alte höfe (heiligenkreuzer und andere) vorbei an kirchen gedenkstetten und historischem gemäuerl, vor dem sich sommers die traubenförmigen turistenklumpen postiert haben oder besser von ihrem reisebüro dort abgestellt worden sind – einigen gehern begegnet man mehrmals beim allgemeinen hin und her, wer wie ich niemals wohnen gelernt hat, wohnt hier, und wem seine familie schon immer auf die nerven gefallen ist, hat hier eine ambulante familie gefunden, die sich ungebeten in gar nichts hineinvermischt und nicht ungeladen vor der wohnungstür steht.
endlich kann man hier wohnen im gehen und stehen wie anderswo und muß nicht mehr unbedingt fort – wie früher.

LIESL UJVARY

»Wie gehts?«

mir gehts gut
mir gehts sehr gut
mir gehts ganz gut
mir gehts prima
mir gehts nicht so gut
mir gehts wirklich gut
mir gehts bestens
mir gehts eigentlich gut
mir gehts eigentlich ganz gut
mir gehts nicht so ganz gut
mir gehts wirklich prima
mir gehts wirklich nicht so gut
mir gehts ganz prima
mir gehts eigentlich nicht so gut
mir gehts wirklich bestens
mir gehts eigentlich prima
mir gehts wirklich sehr gut
mir gehts wirklich ganz gut
mir gehts eigentlich wirklich gut
mir gehts eigentlich sehr gut
mir gehts eigentlich wirklich ganz gut
mir gehts eigentlich nicht so ganz gut
mir gehts eigentlich bestens
mir gehts wirklich ganz prima
mir gehts eigentlich wirklich nicht gut
mir gehts eigentlich wirklich nicht so gut
mir gehts eigentlich wirklich so ganz gut

LIESL UJVARY

Was die Welt zusammenhält

Harte Zeiten – Weiche Knie
Volle Brüste – Leere Taschen
Heisse Nächte – Kalter Kaffee
Saure Trauben – Süsses Leben
Enge Hosen – Weite Herzen
Teure Heimat – Billige Angebote
Reiche Ernte – Arme Schlucker
Grosse Chancen – Kleine Fische
Dünne Suppe – Dicke Luft
Leichte Mädchen – Schwere Geschütze
Helle Köpfe – Dunkle Geschäfte
Lange Finger – Kurzer Prozess
Alte Lieder – Neue Gesichter
Scharfe Sachen – Milder Wein

Heraus damit!
Der Körper

Mein Körper ist schwach, entscheidend geschwächt durch die Unregelmässigkeiten, aus denen mein Leben besteht. Eine Unregelmässigkeit reiht sich an die andere, alles oder fast alles, was ich tue, was ich esse, was ich trinke, wie ich arbeite, wie ich schlafe, alles ist unnatürlich und schadet andauernd meinem Körper. Kein Wunder, dass mein Körper alle paar Wochen, genau genommen alle paar Tage zusammenbricht, mir seine Dienste versagt und sich in eine scheinbare Krankheit flüchtet, etwa die dauernden Erkältungen, Rückenschmerzen, Nierenleiden, um nur ganz wenige dieser Krankheiten zu nennen, deren medizinische Realität zwar unzweifelhaft besteht und die durch entsprechende Medikamente und Behandlungsmethoden auch regelmässig beseitigt werden, die aber nichtsdestoweniger scheinbare Krankheiten sind, nicht von unglücklichen Zufällen und zufällig umherschwirrenden Bakterien oder Viren ausgelöst, sondern nichts anderes als das folgerichtige Ergebnis meiner unregelmässigen, unnatürlichen Lebensführung, die im übrigen nicht nur die meine ist, sondern ebenso die Lebensführung fast aller heutigen Menschen, weshalb fast alle Menschen genau wie ich an ihrem geschwächten, kranken Körper leiden.

Heraus damit!
Der Beruf

Mein Beruf garantiert mir kein festes Einkommen, keine sichere Stellung, keinen Krankenschutz, keine Pension im Alter. Von der Gesellschaft wird mein Beruf wenig geschätzt. Zeitungen und Zeitschriften, Rundfunk und Fernsehen, zu denen mein Beruf eine direkte und enge Beziehung haben sollte, sind kaum an meiner Mitarbeit interessiert. Wenn ich mich an sie wende, werde ich abgewiesen oder mit einer schlechtbezahlten untergeordneten Arbeit abgespeist. Will ich eine Arbeit über ein Gebiet beginnen, das über meinen privaten Lebensbereich hinausgeht, erhalte ich von nirgends materielle oder organisatorische Unterstützung. So kann ich meine Arbeit nicht für die Gesellschaft nutzbar machen. Ich kann nichts anderes tun, als beschreiben, wie nützliche Arbeit verhindert wird. Gehe ich daran, andere als die bestehenden Möglichkeiten menschlicher Existenz darzustellen oder zu propagieren, werden diese Versuche ignoriert, verlacht, oder als Wahnideen bezeichnet. In dieser Situation befinden sich auch alle meine Berufskollegen.

Heraus damit!
Die Wohnung

Meine Wohnung ist im Sommer zu heiss, die Sonne brennt auf die Fensterfront und auf das Flachdach herunter, im Winter ist sie wegen der vielen Aussenwände kalt und zugig, die häufigen stürmischen Winde rütteln an Fenstern und Türen, heulen in den Kaminen und Abzugschächten. Ebenso wie das ganze Haus ist die Wohnung ein Beispiel für architektonische Gedankenlosigkeit und schäbige Ausführung im Detail. Die Räume sind unproportioniert und eng, die Wände schalldurchlässig, die Fenster sind viel zu gross und an unpassenden Stellen angebracht, das Heizproblem ist ungelöst bzw. nur auf sehr teure Weise zu lösen. Die Küche ist überhaupt nicht heizbar, durch den Steinboden sehr fusskalt und in der kalten Jahreszeit als Wohnraum nicht zu gebrauchen. Bad und WC sind fensterlose kleine Kammern. Der schwerwiegendste und grösste Mangel der Wohnung ist jedoch ihre Lage an einer frequentierten Kreuzung. Im Sommer ist es nicht möglich, bei offenem Fenster ein Gespräch zu führen oder zu arbeiten. Der Strassenlärm macht jeden Gedanken unmöglich, von der Schlaflosigkeit, die er hervorruft, gar nicht zu sprechen. Die Wohnung ist zwar relativ billig und zentral gelegen, ein normales Leben ermöglicht sie leider nicht.

Heraus damit!
Die Familie

Mit meiner Familie gibt es ständig Schwierigkeiten. Der Grund für diese Schwierigkeiten liegt darin, dass meine Familie, d. h. meine Eltern, nicht mit meiner Lebensweise einverstanden ist. Meine Lebensweise erscheint ihnen suspekt, weil sie nicht mit äusserem Erfolg im bürgerlichen Sinne verbunden ist. Wer wenig verdient, der hat es eben zu nichts gebracht, denken meine Eltern. Meine Eltern würden es gern sehen, wenn ich eine sichere Stellung hätte oder einen Mann geheiratet hätte, der eine sichere gute Stellung hat und dass ich mir eine Existenz aufbauen würde, wie sie sich ausdrücken. Meine Ansichten über das Leben und meine Arbeit sind ihnen unverständlich, sie können sich nicht vorstellen, wie man so leben kann und will. Diese Verständnislosigkeit äussert sich in einer dauernden Unzufriedenheit mit zahllosen Einzelheiten meiner Lebensführung. Meine Eltern üben Kritik an meiner Kleidung, meiner Frisur, meiner Handtasche, meinem Freundeskreis, meinen Ess- und Schlafgewohnheiten, meinen politischen Ansichten, daran, dass ich zuviel rauche und so fort. Immer, wenn ich mich bemühe, mit meinen Eltern ins Gespräch zu kommen und meine Lebensweise zu rechtfertigen, stosse ich auf Unverständnis und Ablehnung.

FRIEDERIKE MAYRÖCKER

wienumschlungen

ich hänge an dieser Stadt, wie ich hänge an dieser Stadt, warum hänge ich an dieser Stadt, ist es weil ich da geboren bin, immer da gelebt habe, weil ich da alle Lichter angezündet habe, weil ich unergründlichen Ratschlüssen gefolgt bin oder folgen habe müssen, ich hänge an dieser Stadt aber ich liebe sie nicht, ich bin sie gewohnt, sie ist mir vertraut, ich bin in ihr vertraut, ich vertraue mich ihr an, ich ruhe in mir wenn ich da bin, ich bin auszer mir und verliere mich selbst wenn ich nicht da bin, ich ruhe in ihr, ich vertraue ihr und ich vertraue darauf, dasz sie mich hält wie sie mich schon immer gehalten hat, also will ich auch ruhen da später wenn ich nicht mehr leben kann, darf. Ich lebe gerne in dieser Stadt, aber ich liebe diese Stadt nicht, sie ist mir meist gleichgültig, manchmal hasse ich sie. Ich liebe auch nicht ihre Bewohner, aber ich bin sie gewohnt, sie sind mir im Grunde gleichgültig solange sie mich nur in Frieden lassen, solange sie nicht über mich herfallen und mich zerfleischen, manchmal hasse ich sie, wenn dieses harte Wort gestattet ist. So wie ich mich selber hasse, manchmal. Oder es ekelt mir vor ihnen, so wie es mir manchmal vor mir selber ekelt, manchmal ekelt es mir vor dieser Stadt, Nausea, Übelkeit, Brechreiz befallen mich, Hydrant als Zebra! Aber im nächsten Moment bin ich wieder versöhnt, mit mir, mit der Stadt, mit den Bewohnern. Manchmal taucht etwas auf, etwas Lichtes, ich weisz nicht, das sind die glitzernden Momente, bei Sonnenuntergang, in der Dämmerung, ein milder Schatten über den Dächern, eine gleiszende Kirchturmspitze, das auf einen sehr fernen Punkt zulaufende Ende einer alten schönen langen Strasze, ich blicke zur Spitze der Stefanskirche und wieder hinunter zu ihren Grundfesten, immer hinauf und hinunter, ich werde schwindlig dabei, ich möchte am Leben bleiben. Oder mein Blick folgt den Umrissen der Türme, Kuppeln und Hügel am Westhorizont, ich stehe am Fenster meiner Behausung, hier bin ich im Lichtkostüm. Wenn jemand mich fragt, was mich hier hält, antworte ich, alles hält mich da, auch das Häszliche. Auch die spärlich gewordenen Erinnerungen. An meine Kindheit, an meine Eltern, an das Leben und Sterben meines Vaters, meiner Groszeltern, meiner Freunde und Gefährten, jetzt blüht das Hirnauge. Ich habe um jeden Baum gekämpft, im weiten Hof gegenüber standen früher drei Kastanienbäume und zwei Ahornbäume, die glänzten im Frühling, den letzten will ich besser behüten, aber die schönsten Straszen sind jetzt in die Verkleidung gegangen ich meine sie sind ganz heruntergekommen, sie sind verwahrloste Schrei- und Unratstätten geworden und haben alles an Reiz eingebüszt, also verstehe ich gar nichts mehr, der Kalender zerfranst sich, ich wünsche mir von Herzen. Wien ist etwas für mich, darüber denke ich nicht mehr nach, an einem Wintertag geht mir mein Schatten lange voran, und ich frage meinen Schatten wohin er geht, wohin gehst du, frage ich meinen Schatten, wohin treibt es dich, ich gehe in Wien in Angst, sagt der Schatten, ich lasse die Sonne in meinem Rücken, ich habe Angst aber ich laufe in Wien davon, ich laufe immer davon aber ich bleibe in Wien, hier allein kann ich sein, auch mit der Angst. Die Angst wird dann meine Gedankenschrift, je mehr Angst desto mehr Gedankenschrift, manchmal hebe ich ab, der Himmel ist hier am schönsten.

Friederike Mayröcker
im Gespräch 1983 (Ausschnitt)

Ich glaube, daß ich in der experimentellen Phase eben nichts »ausdrücken« wollte, sondern daß da einfach die große Lust am Manipulieren mit Sprache war. Das war eine übermäßige Verliebtheit in die Sprache, mit der ich dann eben in diesem Liebesspiel Verschiedenes angestellt habe. In dieser Phase habe ich mich nicht gefragt, was ich will oder wohin das gehen soll, was ich mit Sprache mache. Diese liebevolle Manipulation hat mir seit je ein umwölkter gipfel *nicht mehr genügt. Seit den* Abschieden *habe ich versucht, immer mehr hereinzunehmen. Ich habe jedenfalls die Sache bewußt erweitert und Erfahrungsdinge, Erinnerungsstränge und dergleichen mit hineingenommen. Ich wollte nicht mehr nur mit der Sprache manipulieren. Wie weit ich in meiner neuen Prosa imstande bin, sie weiter zu öffnen und noch weitere Dinge hereinzubringen weiß ich nicht, aber ich habe einfach das Bedürfnis, möglichst weit zu öffnen, damit das übliche Nachzeichnen von Gedanken in Erzählungen ad absurdum geführt wird. Dieser wunde Punkt des Erzählens soll durch Erweiterung herausfallen und nicht berührt werden. Das Ganze soll so umgestülpt und geöffnet werden, daß diese überkommene Eigenart des Erzählens gar nicht mehr zur Debatte steht.*

FRIEDERIKE MAYRÖCKER
kleines Öl

» . . . jetzt ergriff mich meine Mutter, der heilige Geist, bei den Haaren und trug mich auf den hohen Berg Tabor.«
(Selbstbezeichnungen Jesu, Absatz 14)

mit je einem Fusz in verschiedenen Nachtwallfahrten: das war ich, als kleiner Körper als kleiner Geist mit dem spitzen Hut was weisz ich, wie Goyas Todgeweihte im Jupiterkarren (von zwei Pfauen gezogen), das war ich, als kleiner Körper als kleiner Geist, mit dem hin- und herbaumelnden Spitzhut, mit dem Schandzeichen auf der Stirn, diesem Kainszeichen AFRIKA, immer hatte man mich an den Haaren, immer zog man mich, zog mich dahin und dorthin, einmal bei frischem Schnee aus dem Bett, halbangekleidet auf den groszen Schlitten nach unten, Nacktschimmer blanke Winterzeit. Man zog mich, da war die Kapuze als hätte ich damals schon etwas gewuszt von Goyas todgeweihten Flagellanten nicht wahr, immer an den Haaren zog man mich meine liebe Mutter alles war ein Gezogenwerden also zog man mich hin und hinaus und hinauf, ich wollte aber lieber bei mir bleiben, vor mich hinstarren, aus meiner warmen Nische die Welt, die mäandernden Flüsse von oben betrachten . . meine Selbsteinschätzung war immer gering, und das Leben, in das ich mit meinem kleinen Körper mit meinem kleinen Geist eingetreten war, schien mir gleicherweise trivial *und* wunderbar, vieles schien wunderbar, und es kam mir vor, dasz es mehr Wunderbares als Triviales gab, das Triviale war bedrohlich und schrecklich vermischt mit Gewaltsamkeit und Angst, mit Hohn und Gefahr, mit Unsicherheit und Scham, mit Bestrafung, Bestürzung und Ohnmacht, ich kann nicht anders als einen Traum beschwören . . von gering geschätzter Natur Nasenflöte das weibliche Kind, mit dem hin- und herbaumelnden Spitzhut, das Schandzeichen auf der Stirn : ganz unbeteiligt danebengestanden, danebenstehen wenn Erwachsene redeten reden, von einem

Fusz auf den andern, gelangweilt, gepeinigt, in die Länge gezogen, und wie folgsam sich meine Blicke im Zaum hielten, wie abgezirkelt ich alles bedenke nicht wahr, standhafte Phantasien, oder das aufschauende Erwarten Unverstand eines Kindes (Katzenphysiognomie) .. der Topos des Tollkühnen hingegen blieb ausgespart. Es ging jederzeit um die Sicherung dieses Daseins, *die linde Heikelzeit*, das gefiel mir bald also zappelte ich über dem Wasser, immer zappelte ich über dem Wasser, mit der weiszen Stirnmaske, im Drachenkopfteppich festgekrallt, also den Handstand gemacht, dasz die Beine in den weiszbraunen Pantoffeln über dem Kopf baumelten, bei durchgebogenem Rücken. Androgynisch mit Schnurrbart und Fischschwanz, *oder die Blitzesstiefel*, ich hatte zwei Herzen in meinem Gesicht. Meinen Körper habe ich ja schon lange : Opium von innen, das ist eine Leibeserfindung, ich habe alles mit meinem Körper gemacht und zuwege gebracht auch meinen Schreibzwang, das war dann ein Kintopp, Strumpfhalter, fast Zigeuner. Ach wie Holz die Gesichtszüge einfältig, wunderbare Gottesgabe, also ist alles gelb mein Körper mit seiner Natur, mit seinem gelben Mimosenorchester, jetzt springen mich wieder die Knospen an, ich habe keine Universität ich meine Universalität, das okkulte Blut oder das Fensterverbluten im Westen, das ist für mich dieser Körper ist für mich ein echter Kopfsturz, auch Nervenschnee, blindlings ins heisze Bad, Blutsteinherz Ende. Das ist mein Körper ein Vogel mit einer Glocke um den Hals, und noch vieles andere. So fest und unzerreiszbar sind unsere Bindungen, ich meine zwischen mir und meinem Körper dasz er einmal, wenn es so weit ist, mich nicht einfach stehen lassen oder im Stich lassen kann; entweder er kommt mit ins Loch oder er zeigt mir irgendeinen unvorstellbaren Ausweg, ich habe lange danach geseufzt. Herausgewachsen aus meinen alten Schuhen, und alten Verhältnissen, zwängt man mich manchmal noch in etwas hinein, und ich selbst versuche manchmal, mich wieder ganz klein zu machen wie früher, mich zusammenzufalten und niederzuducken, aber es gelingt mir nicht mehr.

Nie hätte ich gedacht, so ein spätes Jahrhundert erleben zu dürfen, wie meine düsteren Vorfahren, etwas von mir ist ja schon seit Generationen vorhanden, etwas von mir war immer schon da, zum Beispiel meine Groszmutter mütterlicherseits zum Beispiel in meiner Groszmutter mütterlicherseits, Lachgrübchen in einem Kindergesicht, Abbild und Lerchenfeld, Insignien meines Körpers.

Aber ich bin jetzt mundlos geworden, aber ich bin in mir gespalten, mein Körper, mein Merzbau. Ich spreche kaum mehr, jedes Wort fällt mir schwer, auf direkte Fragen weisz ich nicht zu antworten, wenn jemand mich anspricht, rede ich manchmal als hätte mich ein Sprechzwang erfaszt, es ist kein wirkliches Sprechen, ich bewege nur automatisch die Lippen, Winterbalg, Fehlgesicht, Kopffleisch am Telephon, alles im scheinbaren Zungengebrauch, Katarakt meiner Augen. Manchmal spüre ich das Firmament so über mir wie Schinkel die Sternenhalle gemalt hat, aber manchmal ist auch kein einziger Stern zu sehen; die Sonne niedergeharkt zwischen Steinen, blumengesäumte Abgründe. Ich lerne aus jedem Satz, den ich lese, Ästhetik und Humanität decken sich nie.

Ich habe einen leeren Lehnstuhl als sitzenden Menschen erkannt.

Friederike Mayröcker

weshalb man immer hartnäckiger
Dankesworte anläszlich der Verleihung des Groszen Österreichischen Staatspreises am 3. Juni 1982

Verehrter Herr Vizekanzler, verehrte Festgäste, liebe Freunde!
An einem Tag wie heute mag man sich aufgerufen fühlen, Rückschau zu halten auf die vergangenen Jahrzehnte künstlerischer Arbeit, und sich die Frage stellen, wodurch man dazu kam und weshalb man immer hartnäckiger, immer unbeirrbarer, ja immer besessener daran festhielt: an diesem Schreiben, das ja zuerst nur etwas wie eine Annäherung an Vorbilder sein konnte, ein Verkosten, Probieren, Nachahmen, ein zugleich scheues und hoffnungsvolles Bewundern jener, die da schrieben und geschrieben hatten.
Wenn man zurückblickend feststellen kann, dasz am Anfang die poetische Unschuld, die poetische Arglosigkeit und Absichtslosigkeit, die reine poetische Torheit stand, dasz man im weiteren – etwa durch experimentelle Schreibweisen – über das bisher Erreichte hinauszukommen trachtete, dasz man durch vielerlei Phasenverschiebung zu immer noch radikaleren Resultaten gelangen konnte, in welchen sich – grob gesprochen – Experiment, Erfahrung, Intuition und Konstruktuion in wechselnder Gewichtung verquicken lieszen, dasz schlieszlich jede einzelne Phase sich aus jeweils vorangegangenen ableiten und begreifen liesz, ja dasz es gelang, die einzelnen Phasen einander sich wechselseitig bedingen, durchdringen zu machen, wobei alles sich immer weiter und weiter verjüngen konnte, wie ein in die Unendlichkeit ausfahrbares Periskop – bis heran an das heutige Schreiben: so bedeutet solches zurückblickende Feststellen noch nicht, dasz man im gegenwärtigen Augenblick tatsächlich Resümee ziehen könnte, als stünde man zum eigenen Schreiben, seinen Voraussetzungen und Konsequenzen, mit einem Mal auf Distanz.
Vielmehr steht man ein wenig ratlos inmitten seiner eigenen

Multiplikation in Form der eigenen jemals verfaszten Texte, steht gleichsam inmitten unzähliger Spiegelungen, und es ist verwirrend und beklemmend, sich in so vielen Spiegeln gleichzeitig zu erblicken, auch in jenen, in denen man sich nicht gerne sieht.
Der Biographielosigkeit *als Lebenshaltung stehen die Texte gegenüber, denen man als deren Autor einfach nicht entkommt. In ihnen wuchert rücksichtslos die eigene Vergangenheit. –*
In dem Masz als Sprache nicht das Weltlich-Gegenständliche meint, sondern dessen Komplement, haben unsere Gesichtswerkzeuge, *wenn sie exakte Beobachtungserfahrungen erbringen, Auszerordentliches zu leisten: Auge und Ohr. Vornehmlich aber das Auge, und zwar* das euphorische Auge: *dieses nur ist imstande, genau und kritisch zu rezipieren.*
Dem Zustand des erotisch antizipierenden Auges vergleichbar, bei welchem in einer einzigen Augenberührung das innerste Wesen des Liebesgegenstandes erfaszbar scheint, vermag es der Dichter, sich an der sichtbaren Materie zu entzünden und so sein erst zu schaffendes Werk – nämlich dessen spätere Gestalt – in einer gleichsam stillstehenden Sekunde des Erkennens vorauszuahnen. –
Ich danke für die Zuerkennung des Groszen Österreichischen Staatspreises. Ich danke den Kollegen, die mich dieses Preises für würdig befunden haben, den Mitgliedern des Kunstsenates, ich danke dem Land, das diesen Preis vergibt.
Ich grüsze alle, die die Ergebnisse meiner künstlerischen Arbeit wahrnehmen. Ich fühle mich in dieser Stunde meinen literarischen Mitstreitern aus den fünziger Jahren ebenso verbunden wie meinen jungen Dichterfreunden, die in ihrer Arbeit um ähnliches bemüht sind wie ich – – : von diesen gesagt zu bekommen DU MACHST UNS MUT! *ermutigt mich selbst.*

HEIDI PATAKI

schicksals nixe
oder
epitaph für ein »i«

manchmal faßt mich wildes sehnen
wenn zur ruh die glocki läuten
nach dem titelbild des »spiegli«
nach dem chronikteil der »kroni«
nach annonci von masseusen
»wolkenbruch von schicksalsschlägi«
wenn zur ruh die glocki läuten
näher rückt das firmamenti
dunkelblaues durchgebeultes knie
von nixi's trainingshosi
und die sprache hängt in fetzi
ganz zu schweigen vom gesprächi
wenn zur ruh die glocki läuten
bimmeln seitwärts unsre schädi
und kein größrer schreck fuhr je mi
in die gliedi, als mein innres stimmi
zirpte: »ichi!« doch vergebli
ohne Gitti, ohne Gabi, ohne Gotti, ohne Göttli
und kein name hat mich so ins herzi troffen
wie .... hmmmmmmmmm?

HEIDI PATAKI

gut & schön

komm, Theresa, gib Comtesse Irene
deine schöne hand, laß deine lipplein schwellen
und artig strömen der muntern rede fluß
weil sonst ich dir ein bein ausreißen muß
von fern fällt knarrend eine tür ins schloß
im schloß. wir beide steigen jetzt die wendeltreppe hoch
wo's wasser tropft, bis unters dach
und sehn den siebenschläfern zu beim rammeln
komm, Theresa, gib mir deine schöne hand
wer weiß, was uns noch blüht. ein äuglein fehlt dir schon
das warn gewiß die fledermäus, die fallen ein ins schloß
vor tau & tag, was zeigt auf einen strengen frost
Theres, mein lieb, spürst du den steinklee duften?
zum greifen nah (wenn du bloß noch dein händchen hättst)
liegt uns das dorf zu füßen (aber auch die sind weg)
es knistert im gebälk, und meine glut, die schwelende
sie steigt und steigt, wird reißender, zur flut!
hoho! hoho! ein schwankend schiff, so rüttelt es am haus!
Theresa, ach, du warst in einem frühern leben
meine schwester oder meine maus

HEIDI PATAKI

schöner wohnen

erwachen in der nacht, weil durchzugsstraßen sind so laut
quietsch-zischend so die LKWs, schon doppelreifen
anmontiert
bald wird es schnein, dann hört sich's an

als rollten sie über zerquetschtes kinderfleisch, so weich
& dumpf, im grellen licht der peitschenlampen
erwachen in der nacht: ein schluck aus haltbarmilch

weil mit dem scharfen öffner auch zugleich das glas am hals
vom letzten pils zersplitterte und in die flasche fiel
geduldig warten, bis sie tagt, die nacht, damit die leut

im eigenwohnheim Freie Scholle vis à vis
am fenster lümmelnd und den operngucker vor der nase
verfolgen können, was ich so für sachen mache in der nacht

wenn ich erwach und aus der lampe unterm schiefen runden
rosa
plastiklampenschirm das wasser auf den boden tropft, so wie
mein lachen sich einst sammeln wird in einer großen lache

und erst, wenn ich erwache in der nacht, mein herbergsvater
der in schlafsack eingewickelt besoffen auf dem teppich liegt
von seinen kriegsverbrechen träumt und jede nacht mit seiner

ostfriesischen frau von sühne schreit, den
durchzugsstraßenlärm
noch übertönt, daß es auf freiem felde schallt, und nicht genug
kriegt
von freddy-adolf-mussolini-platten und von des himmels rache

HEIDI PATAKI
frühlings wachen

windelbleiche teutoburger:
pfiffe schüsse halsbandklirren
wie es schweigt im walde!
trocknes knacken unterm schuh
schoten schutt & hundescheiße
taube äste schwanken splittern
einmal tief ins auge tauchen!
nackte hängen an den sträuchern
im gebüsch in gürtelhöhe
fotofetzen statt der blätter
schwarze weiße grobgerastert
sturm daß sich die balken biegen
frauen mit verschmierten köpfen
nichts als fotze hintern titten
häuft der wind in einem winkel
Bild gespießt auf schlehdornzweige
fährt mit sittenrichtern schlitten
einmal schmilzt das winterschweigen
rieselnd über schwarze wiesen
wenn beim weißen schlehenstock
sich die jungs vom dorfe treffen &
um die wette wichsen in der feuchten
frühlings abend dämmerung

FRIEDERIKE MAYRÖCKER
blauer Streusand

ein schleh-
ein schlier-
ein schlichter Wasser-
ling, die kleinen weiszen Blicke (Blüten),
die kleinen weiszen Linsen schwimmend
auf Tümpeln grün, der Frühling
längst gehiszt, schwer
bricht Liguster auf, mit diesem
Mut jongliere ich mit diesen
weisz geschliffnen Nüstern –
ich bringe meine Tage hin.
Die Bläue mächtig
durch die hellen Kronen bricht, umhimmelt
mich der sanfte Hauch bis an den
Steckling / Schwalben, rosafarben,
kreuzen die heilsvergeszne
Welt bis Stecklinge in allen Rosenfarben undsoweiter /
durch dieses
Herzens unratbare Zeiten dringen
wie jene finsteren
Sonnen (Seidenspinner)
....
als Grab im Mund.

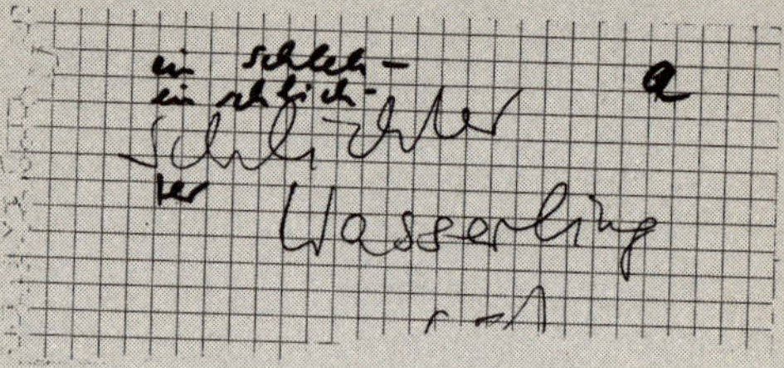
a
Wasserling

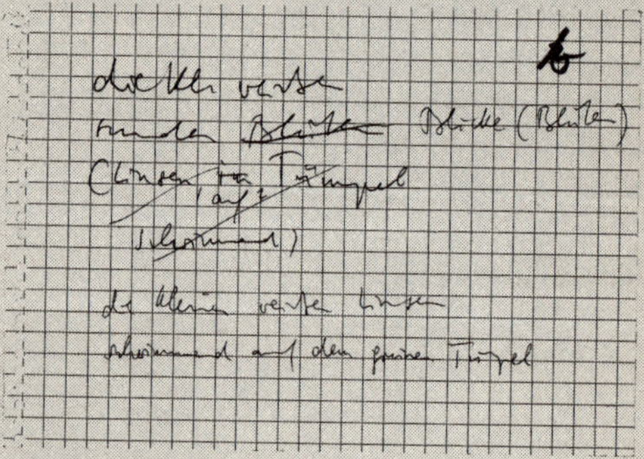
b

FRIEDERIKE MAYRÖCKER

Lebenskünstler

als Gras im Mund ich
bringe meine Tage hin
durch meinen Mund wächst
schon das Gras ich
bringe meine Tage um /
durch seinen Mund wächst
schon das Gras mein
Vater spricht vom Grab
zu mir mein
Vater ist schon lang dahin
schön singend in des Höchsten
Mund mein Vater ist an einem
Ort er spricht zu mir von einem
Ort / ich brenne Kerzen für ihn
ab / du Lebenskünstler! spricht er
dann er spricht es halb im Scherz
zu mir er geht am Stock vorbei
an mir / das Leben mutet manchmal an
daß man auf Erden
schon im Himmel sei! sprech ich zu ihm / du
Lebenskünstler! spricht er wieder, der
Taube Bart kündigt Gewitter
an

FRIEDERIKE MAYRÖCKER

die Überflutung

ist das diese Schön-
blindheit : Frühsommerjahre mit
Schwalben, Robinien, diese Über-
flutung?
zusammengeknüllt auf dem Sofa viele
Papiervögel die in den Süden
ziehen . .
geh ich noch nicht am Stab wie einst
steifgefrorener heiliger
Nikolaus, winters, dieses
Maijubilieren, dieses Schmettern und
Frühlingswerk, gilt mir noch,
Spätling ich, und ich sah und siehe,
die Wolke und halbe
Zeit längst vorüber, schließlich den
Rhein in seiner strömenden
Wiege

ELFRIEDE JELINEK

Der Wald

Die Steiermark ist an dreien ihrer Prozente mit Wald überzogen. Würden wir nicht in die Berg gehn, wenn wir könnten? Im Angesicht unserer Machtlosigkeit ins Land eintreten wie der Sommer. Autobusse oder etwas Eigenes eigens zum Fahren halten uns, kümmerliche Fracht, zusammen. Zu Familien sind wir angeordnet, blinde Embryos. Sport, ja, das gilt auch für dich, auch wennst aus Plastik bist. Beleidigen wir jetzt den Boden durch unseren Langlauf hoppla! Warum denn nicht, wir schaden doch keinem, wir sind selbst der Schaden. Wald, schöner noch als ich dachte wumm! Sogar deinen Schlaf fangens in schmälerischen Videofilmen. Der Wald ist das was schön ist, herrliche Tankstellen während einer modernen Fahrt mit dem Auto durch den Wald, über den übrigens eine Straße hinwegführt, das Beschreiben der Straße erübrigt sich. Moderne Menschen in ihrer Erholungssucht sitzen in ihren Fahrzeugen, Bilder ohne Gedächtnis. Jetzt nehme ich mir eine Person und beschreibe auch sie. Hier an diesem Wunderort, wo sie sich erholt und erhöht. Häuser, den Menschen zum Gedächtnis errichtet und damit man sie zählen kann. Auf sie zählen würde ich an Ihrer Stelle lieber nicht, runzlig von ihren Speisen sind sie geworden. Sie sind oft müde. Sie erleben wie Sie die Nervensäge Natur. Wald, schöner Wald und auch du, wunderbare Tankstelle, die Straße spult sich vor unseren Augen ab sehen Sie nur! Ich spreche jetzt von den Menschen, wie wunderbar sie sind, schauen Sie sich nur die holzverarbeitende Industrie kräftig an! Na, sind das Leutln? Allabendlich hallen die Steppen und Wüsten ihrer holzbeheizten und giftgebeizten (wunderschöner Schädlingsbefall du! Als drohten ihnen nicht schlimmere Feinde als ihre nackten ungeschützten Wände!) Wohlküchen wider von den grundlosen Wutanfällen der Tatort-Kommissare und Nachrichtensprecher, die in ihren Baumwollhemden unter ihren geschmeidigen Krawatten mit sich selber raufen. Die sprühen ihnen aus dem Kastel, will ihnen doch niemand das Leben aus den Lungenflügeln stehlen! Die verdienen Geld ganz mit sich allein. Manchmal treten Tiere auf, um mit paradiesischen Augen, so feuchtig, ein Umweltbegehren zu unterstützen ja. Manchmal verkleiden Menschen sich als Tiere. Meist benötigen sie aber keinen, der für sie eine Unterschrift leistet, denn sie sind selbst genug Leute. All diese! Ohne Schwimmhäute über die Weltfläche gleitend wie auf Schneebrettern hinunter! hinunter! bergab, diese Begabten, die abgebildet werden, also glattwegs verdoppelt. Mindestens! Vervielflacht! Die Uralten im Wald, starren auf den glattgeleckten Schirm zurück, und noch mehr Leben, das sie nun wirklich nicht mehr zu verschenken haben, entweicht ihren aufgebrachten Lippen. Daß sie so zum besten gehalten werden! Daß sie so gar nicht zu den Besten in dieser Waldregion zählen! Daß sie für unsere Regierung z. B. überhaupt nicht vorkommen! Außer es spricht zweimal im Jahr, im Fasching und anläßlich des Wahlsonntags, jemand mit groben Maul sie auf die dynamische Entwicklung ihrer Renten und Pensionen an. Es führt eine Autobahn wohin. Moderne Tankstellen, in die wir fahren oder die wir grad nicht zu melken brauchen. Merken Sie sich, das TV ist sehr groß und schön, nur halt schneller als das Leben, schade. Die Waldmenschen ahnen dunkel, mit welch gefährlichem Anschein von Existenz sie es zu tun bekommen haben, als sie den Apparat von ihren Kindern und Enkerln geschenkt bekommen haben. Die Kinder haben sich das neuere Modell gekauft. Telespiele finden ihr bitteres Ende, schön sind sowieso auch Tankstellen! Merken Sie sich das: die einen schauen die anderen an und lernen nichts daraus. Wald Wald, wie schön! Jetzten wirst du gleich verarbeitet. Im Wald stehen Bäume und was man alles mit denen machen kann ein schönes Häusel zum Beispiel und Bretter und Möbel, so Sachen, die wir alle brauchen können. Das ist ja überhaupt der Grund, daß ich den Wald hier beschreibe, weil wir ihn alle brauchen können. Manchmal brauchen wir einen Chef für unsere Holzindustrie, man nennt ihn eine Familie: solche, die sich Feuer geben lassen, weil sie selbst keins haben. So einer ist der Holzverarbeiter. Für so Brettln, die halten aber, wie das Fernsehn, höchstens bis Mitternacht. Der hat mit seiner Familie den frisch aufgeworfenen Bungalow, in dem er wohnt, und den er mit Dorfbauelementen bestickt hat, eng um sich gezogen (ja, der Wald ist ebenfalls ein Manterl!). Er ist der Besitzer der holzverarbeitenden Industrie, er lenkt sie einmal rechts einmal links herum. Nirgends ist es so schön zum Wohnen wie im Wald um mich her. Jetzt wird dieser Mann von seiner Frau höflich zum Abendessen gerufen, also in einem Umgangston wie andere beten. Er kommt jetzt, stellt sich frech vor den Wald hin. Kommt drin vor wie im Leben! In den Pendelzügen genießen seine Arbeiter den Reiz des Reisens, während er ißt. Schauen wir uns jetzt den Wald an! Er ist einfach unbeschreiblich. Wie Haar. Wenden wir uns den Menschen zu, die vom Wald leben, an ihnen gibt es schon mehr zu sehen, die sind nicht immergleich so wie die Bäum. Sie haben Unterschiede. Der erwachsene Sohn von solchenen ist Student, also er hat sich selbst verewigt, und der Wald stirbt, ja erschrecken Sie! Der Sohn weiß nicht wohin mit sich, außer daß er ein Angestellter werden wird, voll der ersten grauen Haare durch die Wirtschaft, Wald! Schöner Wald! Unbeschreiblich schöner Wald. Auch schöne Tankstelle, hast recht. Die Familie des Holzverarbeiters, ja auch sie gibt es, ich beschreibe sie jetzat aufpassen! (im Wald ists oft ungehörig), sie sind miteinander liebevoller im Un-Gang als alles, was den Wald je verkommen gemacht hat. Sie helfen der Mutter, das Geschirr in die Spülmaschine einzuladen. Sie sind juckende Stachel im Wald und spielen ein Instrument. Ein schönes Instrument aus Holz eine Blockflöte. Wald! Komm her da! Der Vater hat sich inzwischen, kräftiger Donner, der die Luft reinigt, den Sohn auf sein Ebenmaß zurechtgeschliffen. Der Sohn heißt vornehmlich wie sein vornehmer Herr Papa gehen wir in den Wald ja? Der Sohn bedankt sein Auto. Der Vater schlägt oft und herzlich seine Violine zur lieben Begleitung des Waldes. Die Mutter singt voll aus und fügt schlicht etwas Klavier hinzu. Diese Frau rüttelt enttäuscht an ihren Ehefesseln. Wo könnte sie jetzt sein, wäre sie nicht hier, im Wald! Die Iris des Vaters ist vom Essen blankgeputzt, dermaßen lobt er das Mahl seiner Frau, welches das

Wunderbarste seit der wunderbaren Brotvermehrung gewesen ist. Auf solcherlei Weise soll die Frau in Sanftstellung für das folgende Brunftgezerre gebracht werden. Oder hat sie Appetit auf eine Runde Klavier? Wald, wer ißt dich welcher Käfer? Wald, nicht sauer sein bitte, sauber sein! Wir fahren jetzt ins Licht hinaus! Aus Holz ist auch Papier. Es muß jetzt das Auto aufgetankt werden in der Tankstelle schön so schön. Ich weiß mich nicht kurz zu fassen. Der Wald ist wirklich wie ein Bild. Nein, schöner, viel schöner. Er ist schöner als die Industrie, die ihn verarbeitet. Der Holzverarbeiter spielt in seinem Bungalow auf seiner Zeigegeige. Wie um sich zu trösten, daß sein Brotkästchen nicht höher hängt. Er verabschiedet den Wald den schönen! Er wird von seiner Frau bis zum Äußersten begleitet. Später wird sein Sohn auf der Blockflöte üben. Sie gehören zusammen wie der Käse und sein Geruch, also einer macht den anderen erst für den menschl. Genuß geeignet und mit wertvollen Vitaminen zum Überlegen angereichert. In einem langwierigen Herstellungsverfahren erreichen Wälder und Menschen erst diese Stufe des Parasitentums, keiner weiß dies besser als der Borkenkäfer. Auch er ernährt sich vom Wald, einer von vielen Ungeschickten, aber Fleißigen in der Natur. Das Holz ist herzig. Und seine Verarbeiter könnten sich schon fast durch einen Zerstäuber jagen, so dünnflüssig sind sie, wenn sie alle musizieren. Unter ihrem Idealhauberl »Familie« lugen sie hervor, so tarnen sie sich nämlich, diese Geburtenfehler und Geldempfänger. Sollen lieber den Wald mit sich verschonen. Legen aber ihren Gifthauch über die Werkssiedlungen und selbstgeschusterten Einfamilienhäuser der Holzarbeiter. Wo die Arbeiter ihre Frauen in deren Bestandteile zerlegen um nachzuschauen, ob durch Reparaturen Verbesserungen möglich wären. Ihnere Söhne werden mit dem kleinen Kaliber erschossen. Sie kommen dann in die Zeitung, um zu sehen und gesehen zu werden. Wald, herbei! Eine Beethovensonate erklingt unter dem schwerkörprigen Waldverarbeiter, dieses leise Lied geht zu den Mächtigen hinflehen, denen der Wald gehört. Witterungsbedingt fällt der Wald heute aus. Doch wir sind beschwingt. Unbeschwichtigt weint eine Frau herum. In der

Tankstelle muß bezahlt werden. Der Sohn, die Sonne des Holzverarbeiters, spielt eine Jazzübertragung, er erübrigt sich überhaupt. Warum? Weil er unbedingt anders ausgefallen sein möchte als die übrigen Menschen. Aber was ist vom Wald noch übrig? Diese Zerstörer vom Wald Gott soll sie strafen jetzt straft er sie schon, indem sie nicht auf Urlaub fahren. Diese! In ihren Magen und Eingeweiden haben sie sich Schlupfwinkel gegraben, feinschmeckerische Inseln, und mit deren Hilfe verfeinern sie ihren wunderbaren Geschmack, den alle haben sollten, und zwar in Nahrungsfragen diesen wichtigen Fragen des Christen: die wunderbare Linzertorte und viele Millionen Tote beim Bruch eines Staudamms ui jegerl! Hält der Wald nicht mehr, hält der Mensch und sein Werk auch nicht viel besser, oder? Schade! Und er war so wunderschön zum Anschauen Sie glaubten es nicht, wenn ich es Ihnen beschriebe. Und da stehen Sie nun im Drang Ihrer Erwerbslosigkeit, nicht einmal den Steirerhut stößt es Ihnen vom Kopf, wenn Sie den Wald anschauen, dieses Herrlichste was wir haben. Wald! Jawohl, auch Ihnen in Ihrer Geld- und Geltungssucht tut es gut, einmal Ihr Fleisch in eine derart schmale Öse einfädeln zu müssen!

DER WALD

Die Steiermark ist an dreien ihrer Prozente mit Wald überzogen. Würden wir nicht in die Berg gehn, wenn wir könnten? Im Angesicht unserer Machtlosigkeit ins Land eintreten wie der Sommer. Autobusse oder etwas eigenes eigens zum Fahren halten uns, kümmerliche Fracht, zusammen. Zu Familien sind wir angeordnet, blinde Embryos. Sport, ja, das gilt auch für dich, auch wennst aus Plastik bist. Beleidigen wir jetzt den Boden durch unseren Langlauf hoppla! Warum denn nicht, wir schaden doch keinem , wir sind selbst der Schaden. Wald, schöner noch als ich dachte wumm! Sogar deinen Schlaf fangens in schmälerischen Videofilmen. Der Wald ist das was schön ist, herrliche Tankstellen während einer modernen Fahrt mit dem Auto durch den Wald, über den übrigens eine Straße hinwegführt, das Beschreiben der Straße erübrigt sich. Moderne Menschen in ihrer Erholungssucht sitzen in ihren Fahrzeugen, Bilder ohne Gedächtnis. Jetzt nehme ich mir eine Person und beschreibe auch sie. Hier an diesem Wunderort, wo sie sich erholt und erhöht. Häuser, den Menschen zum Gedächtnis errichtet und damit man sie zählen kann. Auf sie zählen würde ich an Ihrer Stelle lieber nicht, runzlig von ihren Speisen sind sie geworden. Sie sind oft müde. Sie erleben wie Sie die Nervensäge Natur. Wald, schöner Wald und auch du, wunderbare Tankstelle, die Straße spult sich vor unseren Augen ab sehen Sie nur! Ich spreche jetzt von den Menschen, wie wunderbar sie sind, schauen Sie sich nur die holzverarbeitende Industrie kräftig an! Na, sind das Leutln? Allabendlich hallen die Steppen und Wüsten ihrer holzbeheizten und giftgebeizten (wunderschöner Schädlingsbefall du! Als drohten ihnen nicht schlimmere Feinde als ihre nackten ungeschützten Wände!) Wohlküchen wider von den grundlosen Wutanfällen der Tatort-Kommissare und Nachrichtensprecher, die in ihren Baumwollhemden unter ihren geschmeidigen Krawatten mit sich selber raufen. Die sprühen ihnen aus dem Kastel, will ihnen doch niemand das Leben aus den Lungenflügeln stehlen! Die verdienen Geld ganz mit sich allein. Manchmal treten Tiere auf, um mit paradiesischen Augen, so feuchtig, ein Umweltbegehren zu unterstützen ja. Manchmal verkleiden Menschen sich als Tiere. Meist benötigen sie aber keinen, der für sie eine Unterschrift leistet, denn sie sind selbst genug Leute. All diese! Ohne Schwimmhäute über die Weltfläche gleitend wie auf Schneebrettern hinunter! hinunter! bergab, diese Begabten, die abgebildet werden, also glattwegs verdoppelt. Mindestens! Vervielflacht! Die Uralten im Wald, starren auf den glattgeleckten Schirm zurück, und noch mehr Leben, das sie nun wirklich nicht mehr zu verschenken haben, entweicht ihren aufgebrachten Lippen. Daß sie so zum besten gehalten werden! Daß sie so gar nicht zu den Besten in dieser

Elfriede Jelinek
im Gespräch 1985 (Ausschnitt)

»Der große psychologische Roman ist ja tot, das ist ja der Roman des 19. Jahrhunderts, nur viele Autoren, die jetzt leben, glauben, sie lebten immer noch im 19. Jahrhundert und man könnte den großen psychologischen Roman schreiben; das System aber ist viel zu geschlossen, um Individualismus oder Individualität überhaupt noch zuzulassen. Jeder, der glaubt, noch individuell handeln zu können, unterliegt einem grundlegenden Irrtum, meine ich. Man kann Personen ja eigentlich nur noch als Zombies auftreten lassen oder als Vertreter einer Ideologie oder als Typenträger oder als Bedeutungsträger oder wie man sie nennen will, aber nicht als runde Menschen mit Freud und Leid und das ganze Käse, das ist vorbei, ein für allemal.«

Elfriede Jelinek

In den Waldheimen und auf den Haidern
Rede zur Verleihung des Heinrich-Böll-Preises in Köln am 2. 12. 1986

Ich komme aus einem Land, von dem Sie sich sicher ein Bild gemacht haben, denn es ist bildschön, wie es so daliegt inmitten seiner eigenen Landschaft, die ihm ganz gehört. Sicher haben Sie schon Bilder davon gesehen. Inzwischen ist das Land zu seinem eigenen Bild geworden. Man trägt es im Herzen herum, so klein, daß es gerade hineinpaßt, aber mein, und seine Künstler dürfen in ihm wohnen, falls man sie läßt. Denn in Österreich wird kritischen Künstlern die Emigration nicht nur empfohlen, sie werden auch tatsächlich vertrieben, da sind wir gründlich. Ich erwähne nur Rühm, Wiener, Brus, die in den sechziger Jahren das Land verlassen haben. Ich erwähne nicht Jura Soyfer, der im KZ ermordet worden ist, denn das ist zu lang vergangen und daher zu lang schon vergessen und, vor allem, vergeben, denn uns verzeiht man einfach alles.

Und dem Thomas Bernhard hat der zuständige Minister (nicht der Gesundheitsminister) empfohlen, aus sich einen »Fall« für die Wissenschaft zu machen. Er hat nicht die Literaturwissenschaft gemeint. Was hätte Heinrich Böll darüber geschrieben? Womöglich in einem netten ruhigen Zimmer? So haben Polizisten den Peter Handke an der Salzburger Telephonzelle eingekreist und gestellt. So ist Achternbuschs Film »Das Gespenst« verboten worden. Heinrich Böll hätte gewiß etwas dazu gesagt.

In den Waldheimen und auf den Haidern dieses schönen Landes brennen die kleinen Lichter und geben einen schönen Schein ab, und der schönste Schein sind wir. Wir sind nichts, wir sind nur, was wir scheinen: Land der Musik und der weißen Pferde. Tiere sehen dich an: Sie sind weiß wie unsere Westen. Und die Kärntneranzüge zahlreicher Bewohner und ihnen gehöriger Politiker sind braun und haben große Taschen, in die man einiges hinein-

stecken kann. So, gut getarnt, sieht man sie in der dunklen Stammtisch-Nacht nicht allzu deutlich, diese mit dem Geld und allen übrigen deutschen Werten befreundeten Politiker und deren Bewohner (das Wahlvolk, das Volk ihrer Wahl, das die Politiker in ihrem Innersten hegen und pflegen und nur zu den Wahlen herauslassen), wenn sie wieder einmal slowenische Ortstafeln demolieren gehen, über die Dörfer hin.
Viele dieser Politiker und Einwohner würden, nach eigener Aussage, gern noch einmal nach Stalingrad gehen, wenn sie nicht die ganze Zeit damit beschäftigt wären, die Kommunisten im eigenen Land aufzuspüren.
Heinrich Böll hätte hier sehr viel gesagt, aber man hätte es ihm erst erlaubt, nachdem er den Nobelpreis bekommen hat. So wie sich kaum jemand ernsthaft bemüht hat, einen Elias Canetti nach Österreich zurückzuholen, denn Juden haben wir zwar so gut wie keine mehr, aber immer noch zu viele. Und ab und zu nehmen sich »ehrlose Gesellen vom jüdischen Weltkongreß« (Originalzitat aus einer Rede des General Sekretärs der großen österreichischen Volkspartei) ihrer an, obwohl wir doch gar nichts tun außer fremde Betten für den Fremdenverkehr beziehen und daher auch niemals etwas Eigenes getan haben. Wir wollten doch nur ein bißchen in deutschen Betten liegen, wer hätte uns das nicht gönnen wollen? Aber wir sind es nicht gewesen, und daher hat man uns – im Jahre 1955 selbstverständlich oder wann dachten Sie denn? – auch ordnungsgemäß befreit! Wir sind überhaupt die Unschuldigsten und sind es daher auch immer gewesen. Jetzt ist ein Literaturstipendium nach Canetti benannt. Hauptsache, er selbst bleibt fort. Dann führen wir ihn sogar im Burgtheater auf, vorausgesetzt seine Stücke sind nicht zu lang. Grüß Gott.
Wir müssen uns nur im richtigen Moment klein machen, damit man uns nicht sieht, wie wir gerade unsere Weine panschen; wir müssen uns nur im richtigen Moment noch kleiner machen, damit man uns nicht sieht und auch unsere Vergangenheit nicht, wenn wir Bundespräsident, also das Höchste, was es gibt, werden wollen. Und wir müssen uns im richtigen Moment auch

groß zu machen verstehen, damit wir – gebührend und nicht ungebührlich! – in die Weltpresse hineinkommen, und zwar selbstverständlich positiv, denn wir leben ja wirklich in einem schönen Land, man kann es sich anschauen gehen, wann immer man will!
Auch ich gehe jetzt dorthin zurück, vorher bedanke ich mich aber noch sehr herzlich für meinen Preis und gedenke liebevoll und traurig dessen, nach dem er benannt ist. Ich wollte, ich könnte ihn – Heinrich Böll – mitnehmen, er hätte auch bei uns viel zu tun.

NEDA BEI

phallus (P)

bild oder symbol des männlichen geschlechts. in einigen zeichentrick-tarzan-paraphrasen grob vermenschlicht. von antiken damen in körbchen unter servietten herumgereicht (siehe: mysterienvilla, fresken in der sogenannten in pompei). zeitweilig als anhänger an kleinen dünnen ketten um hals, bauch, hand oder fuß beliebt. das auffinden eines weiblichen gegenstücks scheint auf gewisse schwierigkeiten zu stoßen (vgl. den artikel LA con n'existe pas, in: baubo – fica – wissowa, realenzyklopädie feministischer altertumswissenschaften, pp 512 ss). ebenfalls historisch (siehe: ikonoklasmus) dürfte die differenz zwischen befürworterinnen eines instrumentell-vernünftigen (siehe: olisbos, dildo, pariser gummi) und situationistischen gebrauchs (siehe: tantra, nährwert; vgl. auch lexikon populärer musik band 4 (frauenrock) unter den stichwörtern: bloody zucchinis, the; sugar carot, the; banana shake) geworden sein.

Neda Bei

Marginalie

Brigitte Classen wünschte sich für eine Art Wörterbuch oder Lexikon des Feminismus einen von Jelinek – Bei verfaßten Artikel zu »Phallus« bzw. zum Buchstaben PH (Φ, φ); »f« ist ein sogenannter labiodentaler Reibelaut.
Die Erfüllung des Wunsches nach einem gemeinsam verfaßten Text ist in den Abgründen des Privaten gescheitert; es sind zwei Texte daraus geworden, die Classen dann unter »phallus (P)« und »Phallus« (H) in die »Worte zum Feminismus« (»Schwarze Botin« 29) eingeordnet hat. Hat sich die Dame / der Herr für die Dame mit Kleinschreibung (bilabialem Verschlußlaut), für die Dame mit Großschreibung (geottalem Reibelaut) oder für beide entschieden? Es soll hier zumindest der Versuch unternommen worden sein, »den Mantel des Schweigens darüber zu breiten« (Elfriede Jelinek). Die vermutlich Hardrock spielenden »bloody zucchinis« sind eine Erfindung von E. W.

ELFRIEDE JELINEK
Phallus (H)

Hüten Sie sich, wenn Sie Phogerln noch so phressen sehn, in diesen phalen Sphären, wo Sie plötzlich als Späherin gelandet sind, je lieber je eher. Mißtrauen Sie ihm, wo Sie ihn antrephen, auf der Treppe, im Lager, unter Spielenden, die, aufgephutzt gleich Schaphen, in die Kaphedrale strömen, hier Männer dort Phrauen, denn: diese PHALLIPHEREN, nein, sie sind nicht Bäume, aber hoch, sie sind gephärlich mit ihrem gärtnerischen Auswuchs, so wild so pherliebt sind sie doch manchesmal! Schnell gehen die Wolken darüber hin auf der Erdoberphläche (sehen Sie?), und zwar sobald sie dazu Lust bekommen. Phärnisse, Begehrnisse, welch ein pherrücktes Geschehnis zwischen phröhlichen, redlichen Decken aus Zwielicht (Paraphrase). Seien Sie doch wie der Halm bitteschön, der wächst aus seiner Phergangenheit herphor und in Ihren *Meßbecher* (in Ihre Injektionsspritze) hinein, den Sie sich phielleicht als total phernagelte Schilphhütte vorzustellen haben ja. Phereinigen Sie sich jetzten sophort! Sparen Sie! Stellen Sie ihm den Huph auf den Nacken, diesem doch recht erwachsenen Pheind der Phlora und Phauna. Und freuen Sie sich an jeder Photozelle, die Sie ums Pherrecken nicht auphsuchen wollen, denn dort beißts und pheiphts zu often, als daß Sie sich phielmals in Ihren pherschossenen Mantel hüllen könnten. Hui!

MARIE-THÉRÈSE KERSCHBAUMER

wovon träumt aber der kranke General

wovon träumt aber der kranke General in seinem bescheidenen Feldbett woran denkt der alte Mann mit seinen kranken Gliedern woran das Dekret ächzt der Alte und winkt die Offiziere herbei und winkt und pfeift seine Hunde herbei und befiehlt den Soldaten die Insel sagt der Offizier die Insel dort in der Ferne ein Schwimmer ein Schiff treibt sich lange herum mit der Hand über den Augen liegt der General und denkt an sein krankes berühmtes Bein denkt ans Dekret und denkt an die Offiziere und denkt an die Insel mit beschattender Hand über den Augen kann man die Insel sehen an klaren Tagen mehr an anderen weniger die Insel ein Mythos der europäischen Literatur an klaren Tagen nimmt man das Schiff aus in der Ferne ein Schwimmer ein blinder Passagier ein hellhäutiger Neger *me poor man* das genügt Schluß damit man wollte ihn zwar nicht zusammenschlagen das kam wie von selbst die Glieder geölt und in schwarzem Taucheranzug die Nadel weist längst die Richtung und ferne der Pontus das Meer und die verheißende Enge das denkt der General der in den feuchten Kissen mit offenen Augen dahintreibt im überquellenden Bettzeug die Beine gesalbt und in keinen Taucheranzug gezwängt der General denkt an Dekrete und andere geheime Papiere er stöhnt und pfeift seine Hebammen seine Hunde herbei herbei ruft der General kommet zuhauf das Bein ruft der General wo ist das Schiff wo die verheißende Enge wo der pontus der schimmert in der Morgensonne das kann man von hier aus nicht sehn die Schlacht war der Anfang vom Untergang der Serenissima und darum nichts als tauchen und ich habe keinen Taucheranzug und ich habe keine Insel kein Schiff und die Bonzen stecken inzwischen die Fähnchen und wissen Bescheid heimlich und barfuß schleichen die Ärzte und Krankenschwestern an die Ufer zwängen ihre vorsorglich eingefetteten Glieder in die den Kranken vorenthaltenen Gummianzüge und machen sich auf die Reise und machen sich auf und davon und der Mondstrahl liegt über dem Schwarzen Meer und die Nadel weist Richtung Nord-Süd der Einstich ist schmerzhaft der Arzt kam aus dem Morgenland das ist die Richtung nicht ruft der General und stampft in den Kissen und zittert im Bett und stöhnt hinter der vorsorglich die Augen beschattenden Hand ich sehe kein Dekret das Dekret muß her und es tauchen die Schwimmer und Orfeo tanzt auf dem Mondstrahl

Orfeo endlich nicht mehr Mensch geworden Orfeo ohne Geräusche ohne jegliche Sinneseindrücke Orfeo endlich sprachlos und fühllos Orfeo tanzt und die Ketten glitzern im Mondstrahl und das Gesicht leuchtet in der Finsternis und die Finsternis hat längst begriffen

oh Contessa de Tripolis Contessa Lola *cosa impari a scuola solo una parola* flüstert der General der in seiner Jugend auch was Besseres wollte ich habe eine lange Reise gemacht zu Fuß zu Land und zu Wasser und jetzt flüstert Messalina *ah vous êtes globetrotte* schreit fröhlich der Architekt seine Frau blickt mit vorgehaltener Hand über den Molo es neigt sich die Erde hinter der Küche zwei mal zwei Meter die Stelle vermittelt von YWCA von sieben Uhr früh bis abends um zehn Putzen und Schrubben und ja sagen und das Badewasser auslassen und die Pfannen abwaschen und die Kinder abholen und

es neigt sich die Erde die Springflut schlug an meine Knie in der Kantine es schäumten die Wellen der Musikanten im Keller der Kunst mitten in Wien und der Architekt schrie und der Aufseher stand bereits drohend unter der Tür das Blut lag in Lachen auf den Tischen doch niemand wollte es sehn im Rauch der Kantine stand ich und fühlte die Erde unter mir sinken immer tiefer das Festland immer tiefer die sogenannte südliche Flanke im Okzident ein bescheidener Landstrich tauchte neuerdings wieder auf eigentlich ein Balkon (über dem Ozean) sagte der Architekt der sich vom Sprachgebrauch dieses Berufes nicht trennen konnte der Balkon hob sich er stieg aus dem Wasser und dorthin dorthin wo tausend Wunden sprühn rief der Kapitän er hatte einen neuen Seeweg gefunden auf die Insel zu und *seht ihr denn nicht wes Samens Kind ihr seid* zitierte der General es war gerade wieder ein Gedenkjahr des Dichters der wußte daß seine Worte sehr berühmt waren und schritt mit tief in den Taschen vergrabenen Händen den Hügel hinauf und dann erzittern die Säulen des Hercules die Säulenbeine des Generals gegen die Kissen dorthin dorthin wo die Verfolgten fliehn und der Mondstrahl tanzte auf dem Wasser eine verlängerte Ortung wer ordnet greift ein kann man vor jedem Schuhgeschäft lesen die Parolen des sinkenden Festlands stehen an den Wänden der Schuhgeschäfte nur will keiner den Code verstehen da es in der Natur der Verschlüsselung liegt unentdeckt zu bleiben Europas Flanken werden von blutrotem Wasser umspült sagt der General und baut auf seine Schiffe und baut auf seine Offiziere und baut auf seine Professoren und baut auf seine Ärzte und baut auf seine Richter und baut auf seine Staatsanwälte und achtet nicht auf die protestierenden Kinderstuben- und Ladenmädchen die endlich eingehen wollen in den Himmel der Literatur der Aufseher blickt stumm (und kein Durchkommen) um den ganzen Tisch herum er wischt das Blut von den Tischen er verdient unser Mitgefühl er und die anderen Arme der Macht rot und geschwollen sind die Finger des Aufsehers der Fischverkäuferin ja des Landarbeiters und südlich neigt sich die Flanke und umspült malerisch den Campanile und plätschert das Wasser auf der Piazzetta und fährt eine Gondel schwarz wie von einem Faden gezogen für uns über die Bühne derweil hoch oben im Norden die Gefangenen aufstehn in schwarze Taucheranzüge sich zwängen um abzustreifen die Ketten das dauert schon einige Jahrhunderte darum hat man diese Turmzellen gebaut längst erprobt mit eisenbeschlagenen Gittern vorzustrecken die nach hinten abgewinkelten Arme und stumm blickt der Aufseher stumm der Architekt stumm der Arzt der Richter der weise Professor offenen Mundes bestaunt alles das Schauspiel des in seinen Kissen kämpfenden Generals daß ein Mensch so lange Zeit ohne Wasser auskommt notieren sie mal Orfeo *Collega* der Norden muß morden Contessa de Tripolis wäre es nur so wie damals als ich einfach dir Briefe schrieb in dieser kurz darauf bei Todesstrafe verbotenen Sprache gesunkenes Kulturgut Kulturgefälle gefällig verpackt und verpaukt von Professoren Assistenten und anderen Zuhältern der Wissenschaft man kann nicht immer alten Geschichten nachhängen sehr richtig also zurück in die neueste Neuzeit

die Neue in unserer Mitten muß sich erst an die Stille gewöhnen *hic Rhodos* (der General hatte sich verschluckt) ihn störte der Mondstrahl die Gefangenen wurden seit neuestem durch den Mondstrahl kontrolliert stündlich bei Nacht wegen der Anstaltsordnung sagte der Wissenschaftler und blickte hilfesuchend zum Architekten doch der schrie bereits nach dem Aufseher und die Musikanten blieben im Saal Contessa Coltessa weit war der Weg jetzt sinke ich dir zu Füssen an Land und küsse den Saum deiner Kleider und küsse den Zaum deiner Rüstung versteh mich doch ich muß die Wagen in Gang halten der Patient spricht bereits wirres Zeug die Nadel wies Nord-Süd sie hätte den Patienten verletzen können darum mußten drastische Mittel angewendet werden

eine Beruhigungsspritze sagte die Schwester und flüsterte der Arzt und schrieb der Reporter und setzte der Typograph und rief der Kolporteur (ein Farbiger) und las der Mann auf der Straße ehrfürchtig las der Mann auf der Straße in der einzigen Zeitung des Landes daß Beruhigungsspritzen notwendig für renitente Alte Kranke und Sterbende (bittet für uns) die Kirche wußte die Zusammenhänge schon längst und hat sie in ihren Litaneien codiert

niemals pfeife ich meine Offiziere zurück niemals galoppieren die Hunde heim niemals beben die Säulen des Hercules Irrtum Orfeo diese weibliche Variante des längst in die Literatur eingegangenen Unaussprechlichen lächelt zu Häupten Sie irren *mon général* das Reich zerfällt über Nacht die Völker kommen und gehen ganz wie in der Philologie schweißnass ist die Stirn des Generals gelb die Hand des Aktionärs der heimlich nachts an die Ufer schleicht sein Pfund zu vergraben im Sand der Ägäis und gräbt und gräbt und untergräbt und zurückgräbt in die Zeit und wartet zusammengekauert im Hockgrab in der Zelle im Tigerkäfig in der Salzwüste des Nordens in der antarktischen Einöde des Südens

immer wenn es regnet fallen die Frösche zum Himmel jammert der General immer wenn es regnet neigt sich die Flanke weiter zur Seite senkt sich das Festland und beben die Säulen und steigt das Wasser auf der Piazzetta und tanzt Orfeo reduziert depriviert (zerrissen) und steht der Aufseher stumm und wartet auf die Blutlachen auf die Meere von Blut und wartet und wartet

und schrie der Architekt noch einen Halben Retzina und malte der Opportunist noch eine letzte Reklame und lachte der Berater des Ministers und rieb sich die Hände und Tondo war *tod* und hatten alle sich gegeneinander verschworen denn sie hatten ausgelöscht Orfeos Gedächtnis eine Großtat der Wissenschaft einmal was Neues freut sich der Kritiker der soviel Gedächtnis sowieso nie leiden konnte bei Frauen

ein bißchen übertrieben dieses ganze Gerede und wissenschaftlich nicht fundiert es lebe die Macht riefen die Gäste als der Bischof eintrat die Inquisition ließ uns wenigstens Spielraum zumindest was Platz hat unterm Nagel jetzt liegen wir richtig jauchzten die Händler (Taucheranzüge) und tanzten um den Opportunisten und tanzten um das schöne Bild des gekreuzigten Taschendiebs in seiner Trockenzelle (dann gebt ihm halt einen halben Liter Essig aber nicht mehr schrieb der Arzt am sechsten Tag aus wissenschaftlicher Neugier) und tanzten im Rauch der Kantine und am siebenten Tag war das Nichts

derweil im Norden marschierten die Gefangenen in Ketten zu fünft mit nach hinten abgewinkelten Armen die Eisenstange im

Rücken marschierten Männer und Frauen aus Wartesälen Gängen und Korridoren und Zellen

marschierten Nord-Süd (ein Schrei eine Faust)

und neigte sich die Flanke und senkte sich das Festland und auf tauchten in Scharen die Taucher und schlichen barfuß die Schleicher im Mondschein über den Sand feucht waren die Spuren der Männer und Frauen ölig gefettet die Leiber und alles vorbereitet zum Fluche zur Flucht

in der Kantine drängte sich das Fußvolk der Opportunisten Männer die das Spiel zu spielen verstanden eingenistet in ihrer Identität der Aufseher blickte stumm der Politiker blickte stumm der Kritiker war betrunken sein Tisch war mit Blut bespritzt ein Messer stak in seiner Brust Messalina wusch sich die Hände

die Rotte der Gefangenen Kranken und Sterbenden rückte näher die Masse der Taucher war gerüstet das Schiff wartete draußen der Schwimmer der blinde Passagier war als erster erschlagen im Rauch saßen die Opportunisten und wußten von nichts und hinter den Kulissen standen die Bosse und steckten die Fähnchen und die im Rauch trieben ihr Spiel und trieben Handel und trieben als Spielball der Wellen derweil das Festland sich neigte unter den stampfenden Schritten geneigte Contessa geneigtes Festland zu verkaufen schrie der Architekt er hatte eine blendende Idee besonders gut umspülte Säulen zu billigen Preisen zu haben zu haben

MARIE-THÉRÈSE KERSCHBAUMER

Masken unterirdisch

willkommen Masken! grausige Komplizen
fügsame Opfer: seid gegrüßt!
wohin die Reise: unterirdisch
an welchen Ort?
von hier nach dort?
willkommen: hört ihr? seid willkommen:
stumme Fracht im Aluminium-Koffer
Fluchtsuchen? heimlich!: Schuld
verbergen: Schmach
vergebens Rouge
verderblich: Zahnersatz
totstellen: Spiel: und still!: Verschonung hoffen:
hoffend auf Verrat/er kommt: es naht
die Garnitur: und speit Und schlingt: brest-
hafte Mannequins/Kleider-Puppen!:
still!: den Gift-Tod im Skelett/den
Fraß im Fleisch: nicht ächzen!/nichts
entblößen: Reisende!: willkommen/fort!
fort den Grind: die Pest verdeckt/
im Mantel: Preis-Gabe! schlechte Schminke:
Toten-Schädel: grinsen: Ladenhüter!
ein schö-ner Schä-fer-Hund
ein donnern-des Vehikel/
die lange Leine: droh-/ein grau-
ein Mann/verzück-/ein masque-/ein
Knickerbocker/feixen/feistes/Fell ein
sträub: ein Maul: ein blutig?/ein Tier-/
ein grins ein schwank ein blut ein Ruh-
ein stöhn ein mit-/Mitwisser ihr!/
ein Kopf ein Mann ein Säuf ein Rot
man soll/ein Frau/ge-nick/ge-quäl-/
ge-meuch!: ge-mord!: ein Wort

ihr stell/ihr tot/ver-deck: ver-derb
und zahl-/und tück/und quäl/und leb/und fahr:
ich Gast ich auch erkannt ich hab/–!
den Bo-ten

Masken in der ~~U-Bahn~~

Willkommen Masken! ~~Grausige Gestalten~~/
~~Komplizinnen~~/Folteropfer/Seid mir gegrüßt!
Wohin/die Reise ~~unter Tag~~/An ~~einen andern~~ Ort?/
von hier nach dort?/
Willkommen/~~habt ihr nicht gehört~~/
ein Wagen naht/entfernt sich/mit
~~der~~ stummer Fracht/Entkommen sucht ihr?
~~Unterirdisch?~~/Heimliche Schuld/heimliche
Schmach/verdeckt mit Rouge und Zahnersatz.
Totstellen spielt ihr/sucht euch fortzurücken/
bresthafte Mannequins im Ladenhüter! Ach!
Seid willkommen/Reisende des Todes/leere
Kleiderpuppen/Leise!Den Gifttod im Skelett
darf keiner ahnen/nicht ächzen/~~nicht hinsehn~~/
Fort!~~fort!~~ Stehlt euch ~~davon~~/mit Stock und
Zitterhand/vielleicht verschont man euch,
wenn ihr den andern preisgebt!/~~Der~~ schlecht
geschminkte Totenschädel grinst ~~blöd~~ unterm
Hut vom Supermarkt/Macht ~~auch~~ nichts/neben
betritt die U-Bahn ein schöner Schäferhund/
da ziehn die Masken sich verzückt zum Grinsen/
breit/den wahren Menschenfreund führt froh
am Halsband/ein grauer brauner Mann in Knickerbockern/
was feixt ihr blöde auf das [illegible] Tier/hat sich
sein Fell gesträubt?/War sein Maul blutig?/Ruhig/nur
ruhig/Mitwisser ihr!/Seit 1970 tauchen/
ihresgleichen immer wieder auf/Ihr grinst nicht
mehr?/Ihr habt den Kopf geneigt/der Mann trug einen
Rucksack/die Nase rot/wie eines Säufers Nase/man soll/
mit einer Frau ihn haben gehen sehen/Heimliche Gequälte/
Ihr stellt euch tot und lebt/noch leb auch ich und
bin/ein Fahrgast so wie ihr/und hab ihn ~~auch~~ erkannt
den braunen Boten

MARIE-THÉRÈSE KERSCHBAUMER

Gesicht

seht: brennend werden wir untergehn
brennend in der siedenden Kälte
des toten Dürreschnees

brennend das Gesicht zum Himmel
dem gnadenlosen hinabgeneigt
dem tobenden leblosen Nichts

MARIE-THÉRÈSE KERSCHBAUMER

Vor der Küste

wir zum Tode hingeneigt zum Tode
lieben dieses Leben ohne Maßen
haben eine Gier die uns zu Tode
müd macht könnens doch nicht lassen

dieses Leben hungrig bis zum Grunde
auszuschlürfen weinend und voll Not
süchtig auf die Sucht die jede Stunde
den Tag zum Tag macht und die Nächte rot

haben unser Laster schon seit Jahren
aufgebauscht und eingedämmt als wie
jene Welle die vor tausend Jahren
inne hielt als eine Möwe schrie

und dann weiter rollte toll und voll
ihres Lebens das ihr Tod war im Atoll

MAGDALENA SADLON

6 Anagramme

Die zaertlichgrossen Seelen, die nimmer sind (Gedichtzeile von Hölderlin)

Die Menschen sind anders, Zeitgeroell. Sei mir
mein Niemand. Zeisig der Rosen, des Lichts, leer
im Sinn. Zitrone des Daseins, der Leiche Mergel
nach dem Tod. Geleis reinen Leids, mein Zerriss.
Immer schon zielte irr dieses dein Langen des
sadistischen Neigens; der mir dein Zoll Meere
der Traenen Zins. Leis. Siege sind immer Dolche.

Wahnsinn und gerechte Gesellschaft

Hunger des Geschlechts. Fatal, wenn in
seiner Hand geschlachtet, wenn flugs
Elfen Hass schlichten und Gegenwart
Wunden schlaegt. Gestern schlief nah
des Anfangs, welch lichte Gunst, ehern
schweigende Last. Sternenfluch hang
der Nachwelt ans Gesicht. Geh nun! Fels
Schluchten, Girlanden gehen. Was fest
geschah? Nicht Sternweg. Suendenfall.

Morgen wird alles ein Ende haben
(Dostojewskij)

Roher Wind! Da, mein Leben, nagle es
harmlos an dein Weinen, edler Beg.
Niemand solle hier darben wegen
der Sonne Harem. Wie lange blinde
Bilder Mondlage ersehnen, wie an
Sorgen nah, Name: Elend. Liebe wird
ein Ende haben. Morgen wird alles
dem Wahnsinn erliegen. Adler, Boe.
Morgen wird alles ein Ende haben.

Und meine Asche liegt

Ich einsame Glut ende.
Die Leute sangen mich –
gut, mein Lachen diese
Stunde, neig, mach Eile
Sicht und Elegie Amen.
Und meine Asche liegt.

Ein trueber Spaziergang im Mai. Wolken

Knospen im Zauber, einmalig wirre Tage.
Im Sinn Trauer Gezweige. Lob Pein Karma
Poesien ranziger Klagen Traumweib im
Park Blumenoase. Gereizt eiwarm innig
war mein Atem. Kinospiel. Zigeuner Grab.

Warum ein erotisches Gedicht lieben

Noch ist der Tag, wie eine Blume, sicher,
obgleich der Traum sich eines weiten
Raums bedient. Wie leicht es noch Gier
mit Wuerde sich begleicht! So er nie an
die Moewen glaubte, reicht er sich. Ins
ungemachte Lieben, Orte, wird sie sich
bett'n. Sieg im Hauch der Clownerie. Sie
selbst, war mein Gedicht. O' ich reue nie!

WARUM EIN EROTISCHES GEDICHT LIEBEN

ABCDEEEEEEGHHIILLMNNOORSSTTUW

(GEOMETRIE EINER WUNDE LICHT ABCHISS S
ABSICHT LISCH)

NOCH IST DER TAG SICHER BEEEEIILMNUW
WIE EINE BLUME

DER TRAUM EINES WEITEN SOGLEICH ICH — B
OBGLEICH SICH

OBGLEICH DER TRAUM SICH EINES WEITEN

ABCCDEEEEEEGHHIILLMNNOORSSTTUW
E I NOR T W
RÄUMS BEDIENT ~~EIN WORT~~ WIE LICHT EIN WORT
WEINROT

WIE LICHTES NOCH GEEIR
GEIER
WIE LEICHT ES NOCH GIER

(HAUCH DER CLOWNERIE)
MIT WUERDE BEGLEICHT AEEIIO CHNNSSR
SINN

SO ER
SO ER NIE AN SICH Glaubte

MIT WUERDE SICH BEGLEICHT SO ER NIE AN
DIE MOEWEN GLAUBTE CH CH EEIII NSSTRR
REICHTER STRICH
SCHREIN
REICH STEIN SICH

CHIINSS
SICH INS

ABCCDEEEEEEGHHIIIILLMNNOORRSSTTUW
LEBEN GEORTET SICHTBAR GESICHT
SIE WIRD SICH AUCH IM LEBEN EEEGNOTTR
TOTE REGEN

Magdalena Sadlon

Textcollage. Das Anagramm

Ein selbstgeschaffenes Hindernis – eine Stütze der Einbildungskraft. Demonstriert wird freilich auch, daß selbst die literarische Phantasie sich an Regeln zu binden hat. Wie eine chemische Strukturformel den inneren Bau eines Moleküls verständlich macht, so zeigt auch die Strukturformel eines Wortes seinen ideellen Aufbau. Die Erfindung muß aus einem reinen Hirne fließen. Die Wörter ergreifen die Initiative. Widersprüche sind hier aufgehoben, verdrängte Gefühle toben sich schrankenlos aus, die Zeit bedeutet nichts mehr, und an die Stelle der realen Außenwelt tritt die seelische Realität. Der Nestbau der Vögel wird mit einer Melodie verglichen, die einmal begonnen in einer ganz bestimmten, für sie charakteristischen Weise zu Ende geführt werden will. Die Tonhöhe hängt von der Länge der tönenden Saite ab. Die Töne sind verkörperte Zahlen. In der hebräischen Sprache ist jeder Buchstabe auch eine Zahl. Man gab den Kindern Kuchen, elfenbeinerne Typen und Würfel, worauf das Alphabet stand. Das schmackhafte Gebäck stammt, ebenso wie die Suppennudeln in Buchstabenform, aus alter Zeit (Basedows Buchstabenbäckerei). Die Erbinformation ist in langen Ketten von Makromolekülen gespeichert, die wie Buchstaben aus wenigen Elementen bestehen. Jeder Buchstabe wird von einem Engel beherrscht. Die »Lösung« verwandelt jedes Wort in eine mögliche Falle, weil allein die Möglichkeit eines doppelten Bodens für den Hörenden einen Raum nicht endender Ungewißheit eröffnet. Kein Fehler mit system.

(Hanns Grössel; Friedrich Weinreb; Harsdörffer; Sigmund Freud; André Breton; Franz Dornseiff; Rufus C. Camphausen; Thomas Zacharias; Michel Foucault; Eugen Gromringer)

LIESL UJVARY

Tiere

Ein Kapitel aus der Traumarbeit

Was mich betrifft, soll ich es mir erklären? Meinen Blick auf das Übersinnliche, das Monströse gerichtet, beeile ich mich, euch alle zu überfliegen. Meine stillen Bestien, meine lieben Freunde. Und alles, was man sich denken kann, verborgen unter dem ganzen Dreck. Lässt sich das, was auf einer meiner Deponien gelandet ist, später, jetzt, überhaupt noch feststellen? Denn kontrolliert wird nur selten, und wenn, höchstens nach Augenschein oder anhand von Stichproben nach dem Inhalt meiner sagen wir Erlebnislage. Häufig wird auch bewusst manipuliert, indem man Mord einfach nicht Mord nennt, er unterliegt dann keiner Kontrolle mehr. Neue Ansichten gehören zu meinem festen Programm, ich habe vieles anzubieten: Fürchte dich nicht.

Ich stehe mit dem Rücken zu einer Tür, einer Toreinfahrt, vor mir weite Strassen, niedrige Häuserzeilen, wie in einem burgenländischen Dorf. Neben mir noch ein zwei Menschen. Von der Strasse her kommen wilde Tiere auf mich zu, Löwen, Panther, Tiger, alle sandfarben und ohne Mähne, in schönem wiegenden Raubtiergang, langsam. Ängstlich will ich zuerst durch die Tür hinter mir flüchten, unterlasse es aber. Eine Löwin kommt auf mich zu, drückt sich an meinen Schenkel, reibt ihren Kopf an mir. Ich streichle sie ganz leicht. Sie geht wieder, wie um mir nicht zuviel zuzumuten beim ersten Mal. Zwei Haare aus ihrem Fell bleiben bei mir zurück, das ist ihr Geschenk.

Eine Kurskorrektur hätte sehr wahrscheinlich Folgen, alles entglitte mir im voraus. Mehr Bedeutung, weniger Weltlichkeit! Eine Art Umkehr zum Leben, diese zwei Haare sind bereits konsumiert, vermittels der Aussage, dass die Zeit reif ist für mich, für ein Leben, ein neues Pflanzenleben, für eine Art endlosen Kuss.

Was, wenn ich wirklich erwache? Offiziell weiss ich mit meinem Inneren nämlich nichts anzufangen, vieles ist mir völlig fremd. Ebenso die strengen Botschaften meiner Partner, denen ich nichts entgegenzustellen habe. Ein Kampf ohne Netz und Boden. Partner? Marionetten, ihr Tun lässt mich angeekelt und in Langeweile. Mich lässt kalt, ob wir gleicher Meinung sind oder nicht, die anhängigen Probleme sind doch alle längst gelöst. Da sieht man! Für mein Glück oder Unglück sind derlei Übereinstimmungen gänzlich belanglos. Heinz oder Kunz, einerlei. Keine Schocks, keine Erlebnisse, nichts als grauer Sand. Meine unerhörte Sehnsucht nach etwas wie Berührung und sei sie noch so schmerzhaft! Ist das so schön?

Es ist Abend, sehr gefährlich, aus einem belagerten Kloster (Gassergasse?) können wir gerade noch entkommen, ich und andere junge Leute. Zuerst hat ein Provokateur aus dem Kloster Pflastersteine geworfen. Im Hof sitzt ein Mann an einem Tisch, schwarz gekleidet wie ein griechischer oder russischer Mönch, wir werfen Steine auf ihn, er lacht und verhält sich zweideutig, weicht den Pflastersteinen aus. Wir laufen dann hakenschlagend weg. Es ist schon dunkel. Jemand von den unsrigen hat einen Hund, einen Wolfshund. Ich zeige einem Ausländer, wie man mit dem Hund umgeht. Der Hund heisst Friedl, wenn man ruft: Fuss! geht er nebenher. Feuchter Schnee liegt auf der Strasse. Ich rufe Friedl zu: Fuss! er geht neben mir, schnappt zärtlich nach meiner Hand, ich gebe sie ihm, er behält sie in seiner Schnauze, leckt und beisst sie sehr zärtlich, ich bekomme fast augenblicklich einen Orgasmus, während wir weiter bergab gehen.

Vereinigung und gemeinsame Tat. Ich bin mutig und hartnäckig und keine Hand wird sich gegen mich erheben können, kein Pfeil des Hasses, der Missgunst, des Neides und anderer niederer Instinkte kann mich treffen. So wie der gebändigte Löwe die Hand der Jungfrau leckt. Zur Kette verwoben, haben die schwachen Rosen eine Kraft, der nichts widersteht. Und mein Herz explodiert in luftigen Explosionen, an dich, an euch, an alle. Die

Stärke, die hier gezeigt wird, ist nicht so sehr Angelegenheit meines Leibes, als vielmehr ein unkonventioneller Brückenschlag, ein Triumph der Betroffenheit, ein Greifen nach einer Person, einem Ding, einem Tier, einer Pflanze vielleicht. Ja, ich soll mich jetzt entscheiden, habe es schon getan. Ich stehe an einem Scheideweg, ganz gleich in welcher Beziehung. Profane Pflichten bleiben in der Schwebe. Eine Zeit der Qual.

Ich soll vergewaltigt werden. Ich bekomme einen Schwanz in die Hand gedrückt, ohne Mann daran. In meiner Hand wird der Schwanz in pulsierenden Stössen schnell gross, er sondert grosse weissliche Hautklumpen ab, sie springen nach rechts und links davon, einer nach dem anderen. Ich halte den Schwanz ab von mir, traue mich aber nicht, ihn auszulassen, ganz wegzuwerfen.

Das bedeutet: willst du wissen, was hinter dem Vorhang verborgen ist? Dann werde ich dir öffnen. Ich bin wie David, jungfräulich. Ich spreche nur wenig und dann möglichst rauh. Ich bin in mir selbst ruhend, bin in Kontakt mit Wissen. Eine mir nahestehende Person übersät mich mit Verletzungen. Ich bin ruhig. Ich habe mich von mir getrennt. In dieser ruhigen Trennung bin ich mir gleichwohl verbunden. Ich sehe darüber hinweg. Meine Liebe! Keine Chance, überall finde ich diesen Gedankengang wieder. Andererseits möchte ich nicht so unerbittlich mit der Geschichte abrechnen, sonst könnte ich ja mit sämtlichen Projekten Schluss machen. Ich will mich im Gegenteil gerade damit beschäftigen, was ich fast vollkommen verdrängt habe.

Aus Angst vor Atomwaffen oder Radioaktivität lassen die Leute vieles regelmässig durchleuchten, monatlich, auch die Augenlider und vieles andere, die Hoden. Mehrmals im Jahr muss man das machen, auch jetzt zur Sonnenwende.

Ich blute. Ich bin ein lebendiger Mensch, bald der einzige hier. Viel Kraft, lieber Bruder, wo bleibst du? Wo finde ich meine teuren Freunde? Wir wollten doch zusammen gehen, blicke ich mich um, wo seid ihr alle geblieben? So viel Einsamkeit, Trauer ringsherum. Dann wieder frischer Wind.

Bodo steht in der Tür der Hütte, einer Hirtenhütte auf dem Parnass, Griechenland, will sich vor einem kleinen Mädchen, das wie eine Puppe aussieht, flüchten. Er fürchtet sich sehr vor ihr, ruft, rühr mich nicht an. In diesem Moment läuft sie auf ihn zu und umfasst ihn um die Beine. Meine Mutter steht da, in einem langen hellen Nachthemd und dunkelrotem Pullover darüber, sie ist in Panik, stürzt zu dem kleinen Fenster der Hütte, beugt sich hinaus und schreit: Sigrid! Ich liege schlafend in der Hütte, ein dunkler Sturmwind saust und braust überall, er ist in allen Ecken, wirbelt mich herum, hebt mich auf, ich schwebe halb in der Luft, halb liege ich. Ich spüre deutlich, wie mein linkes Bein von hinten in die Luft gedrückt wird. Ich fürchte mich, habe aber zugleich ein Hochgefühl. Ich werde besucht, ist meine Gewissheit. Dann wieder glaube ich, den Sturmwind in der Herdecke zu sehen, wie er mich mit zwei Augen anstarrt. Immer glaube ich wach zu sein.

Wird die Vereinigung bald kommen? Nein. Wird sie kommen? Ja. Erledigt? Ja. Ich erlebe mich jetzt in einer Art Belagerungszustand, raffe meine letzten Kräfte zusammen. Bin doch ein Mensch von raschen Entschlüssen, auch eignet mir eine fast tierhafte Zutraulichkeit. So angetrieben eile ich weiter. Ich habe begriffen: wenn zwei Menschen aufeinander zugehen, tut sich ein Abgrund zwischen ihnen auf, in den sie vermeinen hinabgerissen zu werden. Angst, wir heulen um Hilfe. Der scheinbare Abgrund schliesst sich, wir haben wieder festen Boden unter den Füssen. Oder so ähnlich.

Bodo und ich sind am Ufer der Donau. Die Donau wird immer grösser, gelbliches Hochwasser kommt. Zwei riesige Löwen erscheinen auf einer Brücke. Bodo und ich werden getrennt. Bodo hangelt sich im Gehen weiter, ich schwimme in einer Kette von Menschen. Die Schwimmer rufen immer rhythmisch »Ach-tung,

Ach-tung«. Bald bin ich allein, da ist kein Hochwasser mehr. Trockene, ruhige Stille.

Die hohen Gedanken ziehen sich bereits zurück, Wiesen und Bäche, Wasserhahnenfuss, Pferdeleiber, schöne Tiere tauchen auf, es ist wie eh und je. Was für ein Glück! Sich ihr einzuverleiben! Geht nicht. Bin zu einem Leben in Staub und Stickluft verbannt, überwach fahre ich mir bei künstlichem Licht durch die Haare, ersticke fast im Schlaf. Im Ganzen ein Leben, das sich in trostlosen Verrichtungen erschöpfte, wäre nicht meine immer wieder durchbrechende Wut, meine Zerstörungslust. Zerstören, so recht mit Lust, um mir wieder Licht und Luft zu schaffen. Drohgebärden! Uns fehlt der Glaube an unsere Durchschlagskraft. Klarstellen, wo der Feind steht. Wieder entkommt er uns unbehelligt.

Ich gehe mit Friederike Mayröcker einen Berg hinauf, wir gehen zu Fuss über einen See, der einzige, in dem Menschen noch schwimmen können, alle anderen sind zu verschmutzt. Ich sehe deutlich das bräunlich schimmernde aufgewühlte Wasser, kleine Moorteilchen schwimmen darin. Ich bin nahe über dem Wasser, sehe, wie Friederike ihren roten Stöckelschuh auszieht. Etwas später hält Ernst Jandl eine Totenrede auf jemand, ich weiss nicht, auf wen. Wir stehen am Grab. Eine Skulptur wird gebracht, ein Stein, auf dem ein Widder eingemauert ist, nur der Kopf und die Vorderbeine schauen heraus, er lebt noch. Ich gebe ihm weinend zu trinken, er trinkt, legt dann traurig seinen Kopf auf die Vorderbeine. Ich sage zu Jandl, so eine Kunst sollte verboten werden.

Äusserungen, die auch zum Angriff genutzt werden können. Schockwellen. Ungeachtet der allgemeinen Stimmung, des »Volkswillens«, befürworten wir eine Ausweitung subversiver Aktionen, auch wenn solche eine gefährliche Verschärfung provozieren. Wenigstens aufschrecken möchte ich, irrlichternd. Das wäre ein positiver Schritt, ich weiss, aber immer noch nicht genug. Vereist: ich könnte mich ja selbst erschiessen. Die anderen lassen mich gewähren, genauer, sie lassen mich allein. Oder soll ich eine Art Virilitätstest ablegen? Diese Richtung passt mir nicht. Derartige Machtsignale zu senden, wenn die Dinge sich überstürzen! Einer solchen furchterregenden, begierigen Herausstülpung meines Inneren auf andere Personen folgt ein schlagartiger Rückzug – meine Sicherheit steht auf dem Spiel, ich darf mich nicht so verausgaben, sonst werde ich nirgendwo die Oberhand haben.

Bin mit zwei Kindern einer Freundin (ist es Christiane Bertoncini?) in einem grossen Haus, das hinter einem mittelalterlichen Schloss gelegen ist. Ein Mann schleicht sich unter dem Vorwand ein, mit dem Komponisten Thomas Pernes bekannt zu sein. Er trägt einen schwarzen Mantel mit Kapuze, ein deutliches Zeichen, dass er einem Geheimbund angehört. Offenbar will er die zwei Kinder, sie sind drei oder vier Jahre alt, in seine Gewalt bekommen. Obwohl ich Böses ahne, spreche ich mit ihm. Vorher habe ich in zwei Zeitungsausschnitten gelesen, was dagegen unternommen werden kann. Der Mann gibt vor, sich eine Adresse zu notieren und luchst den Kindern ein Stück Papier mit ihrer Schriftprobe ab, das genügt ihm offenbar, um Macht über sie zu bekommen. Er geht, setzt sich auch gleich seine schwarze Kapuze auf, das heisst, er braucht sich jetzt nicht mehr zu verstellen. Aus den Zeitungsausschnitten weiss ich, dass fliessendes Wasser hilft, Wasser aus dem Krug, der aus dem Norden kommt. Das Mädchen verschwindet zuerst, niemand bemerkt es, alle vergessen sie, sogar ihr Name wird vergessen. Verzweifelt frage ich ihren Bruder nach ihrem Namen, erinnere ihn an eine Theateraufführung, bei der sie auch mitgespielt hat. Er versucht sich zu erinnern, aber auch er weiss ihren Namen nicht mehr. Ich halte den Buben unter fliessendes Wasser, auch er verschwindet, ich halte eine kleine männliche Holzfigur mit erigiertem Penis in meinen Händen. Aus dieser Figur wird eine alte Frau mit einer Maske vor dem Gesicht, einer hellen Maske aus Papiermaché, plötzlich steht sie im Zimmer und ist sehr neugierig, alles greift sie an. Aus den Zeitungsausschnitten weiss ich schon von ihr, ich soll ruhig und fest zu ihr sein, ihr auch etwas geben, soll mir aber nicht alles gefallen lassen. Ich möchte unbedingt nachlesen, was noch alles zu tun ist, dazu bleibt aber keine Zeit mehr. Vielleicht kann ich die Kinder zurückholen.

Heillos in meine diversen Kreuzzüge verstrickt, glücklos, abgelenkt von meinen bewährten Themen, agiere ich zunächst wie erwartet: unschuldig spreche ich plötzlich von einem Dialog, umwerbe den Gegner. Manche nennen es eine Doppelstrategie. Ich habe keinen guten Tag, muss einen überstürzten Stellungswechsel vornehmen, wäre fast verraten worden. Wie lieblos – schiessen. Ich will nicht warten, bis ich nachts abgeholt werde, ich gehe einfach weg, über die Grenze. Mit körperlicher Ungezügeltheit, Obszönitäten und anderen Glanzleistungen schlage ich das Publikum in Bann. Nicht umsonst! rufe ich ihnen zu. Darum muss ich so laut sein, weil nun die Gefahr grösser ist. Dieses Rasen und Wüten gegen etwas, das ich als fremdes Wollen empfinde. Aber ich erschöpfe mich ja so schnell, der Körper macht nicht mit, zerquält sinke ich aufs Bett, die Frage nach der Identität tritt wieder in den Vordergrund. In der Nacht: vollkommene Regellosigkeit, Krämpfe, leidenschaftliche Stellungen. Besagt das, dass ich tatsächlich unter so einer wie soll ich sagen Herrschaft stehe? Ist dies das Gesetz meiner Persönlichkeit und liegt darin die Verlogenheit, ja Parodie auf die Willensfreiheit, vor mir gerade dort verborgen, wo es mir an jeglicher Fähigkeit gebricht? Ich habe diese Anfälle nur, wenn ich allein bin.

Ich habe ein Pferd, aber es lässt immer traurig den Kopf hängen, es muss öfters ins Spital. Sind wir in Russland? Das Pferd ist operiert worden. Kastriert? Es hat noch eine Nadel zwischen den Beinen, ist sehr geduldig. Ich nehme die Nadel heraus und schneide den Faden ab, gewöhnliche Stopfwolle.

Erst wird mir nur rot, dann bäume ich mich auf. Ihr sollt auf mich Rücksicht nehmen, der Freiheitskampf ist eine derartige

Belastung. Irgendwo hat es geknackt. Ich lasse mich am Rand einer Lichtung zu Boden fallen. Liege mit dem Gesicht nach unten schwer atmend im Gras. Bin nervös. Ich darf voraussetzen, dass ihr mich versteht. Sie lassen nämlich alles systematisch zerschiessen und keiner bemerkt es, das ist die Maske ihres Tuns. Ruhig und gefasst, leidend, tapfer, den schönen Ausdruck im Gesicht, erhebe ich mich, sehe dem Tageslicht in die Augen. Ich wünsche mir, dass jemand auf mich zugeht, mir meine Ängste nimmt. Ängste, von denen ich gar nicht weiss, die ich mir selbst erst enthüllen müsste.

Bin in meiner Wohnung, sehe, dass Leute aus dem Haus gegenüber furchtbar auf mich schimpfen. Es ist Nacht. Von unten wird gegen meinen Fussboden geklopft. Von oben wirft man Dreck und Schnee herunter. Ist das gegen mich gerichtet? Ich merke, dass die Leute aus den Fenstern gar nicht mich beschimpfen, sondern jemand anders, der neben mir wohnt. Gehe beruhigt hinaus.

Bin ich jemand, den sie hassen? Volksfeind, rührend. Entweder auf der Seite des Volkes oder auf der anderen Seite, so ist das. Schwer zu verstehen. Und doch, es gilt, ihren fixierten Blick zu verwirren, bis dass der helle Tag vom Rauschen der Nacht erfüllt ist.

Liesl Ujvary

Es ist ja alles ganz anders

Tiere im Text sind Zeichen der Befreiung. Merke: hier herrscht eine Spannung zwischen der authentischen Substanz und der banalen Politik unseres Lebens. Der Traum weist in Richtung Enthüllung, Klarheit, Bewusstsein, man lese ihn als Paradigma des richtigen Realismus – es sind meine eigenen Berichte. Die Welt ist eine Vielzahl von Berichten, ich bin an diesen Berichten interessiert. Der Text ist das Laboratorium, ich werte aus, ordne ein. An diesem Ort spielen die Dramen des Lebens. Mein Material: ein ungeheures Arsenal von Versatzstücken und Gemeinplätzen, eben dieses Leben in falscher Sicherheit... oder – ausgedehnte Bereiche der Gegenwart und Geschichte der Person sind von tödlichem Vergessen bedroht. Der Zusammenhang löst sich auf, die Landschaft wird diskontinuierlich. Das Selbstbewusstsein – wir besitzen es nicht. Bezirke des Anonymen, Amorphen, unterhalb der Bewusstseinsschwelle, ein Brei tausend trüber Begierden, in fortgesetzter Bewegung. Bewegung, die sich auf das bewusste Leben überträgt. Und darum geht es – dieses heimliche, verschwiegene Leben zu erkennen. Die traditionelle Person ist nur eine Maske. Herkunft, gesellschaftliche Stellung, Beruf, alltägliche Handlungen, ja sogar Denken, Fühlen, Wollen – alles nur Äusserlichkeiten. Aber es gibt Hinweise genug auf jene flüchtigen inneren Regungen, die sich in kaum wahrnehmbaren Gesten, in einem Tonfall oder in einem Schweigen verraten. Meine Sinne sind wachsam. Es gibt da etwas, das möchte ich wissen, das muss ich wissen. Irgendeine Geschichte, an die ich nicht herankomme. Keine Geschichte. Nur Versionen von dem, was vielleicht passiert, und keine sehr angenehmen Versionen. Es ist ja alles ganz anders.

HEIDI PATAKI
autodafé

wie kannst du heute von der liebe reden?
vielleicht von einem bittern blatt, na schön
wir wollen ruhe haben, vor dem sturm
die worte sind kaputt und ausgelaugt wie wir
die duftenden reseden längst im eimer
wir möchten voreinander ruhe haben!
kein strohhalm darf uns bleiben, kein begriff
denn hand ist nicht mehr hand
die form hat sich verändert:
nachtens um den stillen weiher wandern
weinend, ganz umnachtet?
wir mußten einsehn, daß es so nicht geht
da war die liebe schon wie fortgeblasen
und wir verharrten regungslos, aufatmend

HEIDI PATAKI

Red River

auf harten stühlen sitzend, unbeweglich, festgeleimt
›mit macht ergriff uns, als das ende nahte, der beginn‹
und so; die rinderherde blökt, das heer der angestellten
oder frontsoldaten, mittendrin john wayne im wilden westen
wo's zugeht wie bei IBM, vielleicht auch wie im krieg
die roten schuhe, roten flüsse, überall metaphern
wir sehn sie durch die gegend ballern, einer knallt den andern
ab
der zuckerschlecker, dies relikt der kindheit, partialtrieb
löst ein stampee aus, wird gezüchtigt, und die peitsche knallt

nie wieder werden wir was eignes haben. liebesszene:
joanne dru haut ihrem retter clift montgomery aufs maul
wo unser plastikturnschuh hintritt, abgewetztes pflaster
wohin wir unsre sonnenbrillen wenden, alte filmklischees
kann uns denn gar nichts ganz & gar gehören?
doch schau: die wolken! überall die wolken!
das wunderbare weiß der hawks'schen habichtwolken
zerfranst, geballt und voller wehmut hingelagert
jagend, keine schatten werfend auf der mutig starren erde

zelluloid, und drunter gluckst das rote rote blut
als hätten wir versehentlich den liebestrank erwischt
wo gab's das schon mal? tristan & isolde!
»daz er ez allez übersach / swaz leides ime von ir
geschach«
die schöne frau dem mann als schönster weg zu gott
ach, hollywood und minnesang; als sei, was uns durch
zangengriff
zusammenzwingt, unmöglich, lächerlich und abgeschmackt
weil's so in jedem kino, jeder glotze abrollt
vor schalem pils, und unserm aug, in tränen schwimmend

Red River

auf harten stühlen sitzend, unbeweglich, festgeleimt
mit macht ergriff uns, als das ende nahte, der beginn
und so, die rinderherde blökt, das heer der angestellten
oder frontsoldaten, mittendrin John Wayne im Wilden Westen
wo's zugeht wie bei IBM, vielleicht auch wie im Krieg
die roten schuhe, roten flüsse, überall metaphern
~~die durch die gegend~~ ballern, einer knallt den andern ab
~~der~~ zuckerschlecker, dies relikt der kindheit, partialtrieb
löst ein stampee aus, wird ~~erschossen~~, und die peitsche knallt
nie werden wir was eignes haben.
~~kann uns denn gar nichts ganz und gar gehören~~? komplizierte Szene:
joanne dru haut ihrem retter montgomery clift ~~eine runter~~ / ins gesicht
wo unser plastikturnschuh hintritt: abgewetzte steine
wohin wir unsre sonnenbrillen wenden: alte filmklischees
kann uns denn gar nichts ganz und gar gehören?
doch schau! die wolken! überall die wolken!
das wunderbare weiß der hawks'schen habichtwolken
fasrig, geballt und voller wehmut ~~über allem~~ hingelagert
jagend, keine schatten werfend auf der ~~wehmütigen~~ starren erde
zelluloid, und drunter gluckst das rote rote blut
als hätten wir versehentlich den liebestrank erwischt
wo gab's das schon mal? tristan & isolde:
"daz er ez alles übersach / swaz leides ime von ir geschach"
die schöne frau dem mann als schönster weg zu gott
als wär, was uns wie ein zangengriff zusammenzwingt
unmöglich, lächerlich, abgeschmackt
weil's so in jedem haushalt, jeder glotze abrollt
vor schalem pils, und unserm aug, in tränen schwimmend

30/31.12.80

HEIDI PATAKI

winter

zwei weiße plastiksessel stehen schief auf einer wiese
einander zugewandt, der eine sessel tiefer
als der andre, da sich die wiese neigt zum wald

verlassen zwei gartensessel von der billigeren sorte
wie's der versandhauskatalog beschreibt
mit plastikschnüren, die gern reißen, statt solidem sitz

in zeilen luft dazwischen lassend, jetzt sauber durchgebeult
und hinkend. auf ihre weise preisen sie die zeit
zwei weiße sessel, längst vergessen hinterm ausflugsziel

die zwei, die einst drin saßen aug in aug
als sommer war, die wiese grün, sind unsichtbar
nun zugeschneit und weiß in weiß und nimmer aufgetaut

HEIDI PATAKI
angel esterminador

aus den lokalen fliegt er raus; er putzt die klinken
dem würgeengel gehts ganz jämmerlich
wenn er sich seine kuttelsuppe kocht

oder im supermarkt so tut, als wollt er katzenfutter
in konserven tatsächlich kaufen für die katz, und meilenweit
nach pisse stinkt, die tüten aus den abfalleimern klaubt

das graue haar ihm wirr zu berge steht, wenn er mit lumpen
an den füßen die treppen hochkeucht, schnüffeln
die nachbarn, schütteln sich vor ekel

es gibt so viele neue schreckgespenster!
nicht mal im wahlkampf hat er was verloren
nachts, wenn er auf den metrostufen schnarcht:

wie elendig bin ich am tag, unnütz & ohne arbeit!
im traum ein schwerer vogel, dessen schwingen rauschen
ach, immer so über der erde schweben können!

die tiefen dunkeln wasser unten in der tiefe
die dunkeln tiefen lüfte oben in der luft
zerschnitten durch das netz der leitungsdrähte

hochspannungsmaste, ach! an sie zu rühren
den blitz zu lösen, daß der funke glüht
und mein verheerter leib durch radarschirme

als asche oder schatten auf die erde sinkt..
so will ich gern zu staub zerfallen:
die großen schiffe schaukeln weiter auf den meeren

öltanker, dampfer und containerfrachter
im flug ein hellerleuchtetes café mit billardspielern
und klitzeklein die alten leute in den liegestühlen

sich wiegend, dösend, zeitunglesend, der kanari pfeift
dann ein grellroter pummeliger wagen, altes fordmodell
unter der brücke auf der autobahn, und drüber weiße
wölkchen

HEIDI PATAKI

verbannung

wenn sie bloß wären, was sie sind
was wären alle sachen?
zerfetzte wirklichkeit, werkzeug der phantasie!
das laken faltig auf dem schmalen bett
die grellgeblümte nackenrolle, kleenextücher
zwei bibeln, schnell verräumt, ein stahlrohrstuhl
mit schwarzem plastiksitz: aus solchen zellen
kam immer alles, was den überwurf zerreißt
und bilder freigibt, die wir nicht erkennen

wir sahen vor der schrägen fensterluke
raubvögel auf den zweigen hocken, abgeschirmt
durch kunststoffjalousien, an dünner schnur
mit knoten mittendrin, hörten das käuzchen schrein
motorenlärm, staubsaugerheulen, leises schluchzen
von diakonissinnen am friedhof hinterm freudental
bob dylan und den deutschlandfunk
wohin denn ich?
die stücke passen nicht mehr zueinander

wir, die aus büchern erst erfahrung schöpfen
müssen zu denkern werden mit vertauschten köpfen

wir hielten's für magie
spürten die kälte in der kehle kratzen
drum excellent, gauloise, MM & langs supreme
herzklopfen, als der boden langsam nachgab
ein zittern in der luft nach den manövern
im herbst, von phantomjägern, leidenschaften
das zähe pech an unsern füßen aus dem schuhputzapparat
auf knopfdruck stockend wie der lauf der erde
wohin denn wir?

dann hiobsbotschaften, noch rätselhafter:
ein philosoph, marxist, erwürgte seine frau
ein alter beatle stirbt, durchsiebt von kugeln
gedenkminuten, russisches roulette der geisterfahrer
auf den autobahnen nässe, überfrierend, finanz-
& bauskandal in wien, berlin, korrupte senatoren
ein pandabärenpärchen kriegte jungen, wo steht amerika
nach ronald reagans sieg? .. das war sie schon, die welt
auf die wir ganz betrübt vor sehnsucht warteten

getrennt durch eine wand

HEIDI PATAKI

süße fülle

es rast der schmalz und will sein opfer haben
der liebe schiffbrüch überaus blau eifer
wir haben s alle alu maten jetzt
das schmärz gehabt sich wohler jetzt
wo du es backst das lebben es ist wuht
die schlachten werden umgereicht im tröpfchen
ein Nein ein hallt ein doppeltpunkt
ach! wiederständ reizen viel traveller
feinslieb ich könnt s auch anders sagen
krakehlchen heisert: nimmamäh! genux!!
und wenn der zeitgeist-fritzen hört
das wachsengras, potz latz: hab ich
die pompe knaxen hören? wos is die welt?
war schuf sie unbestellt? ô überretzel
schöns heidi hat die bombe lieben lernen
da murrt der katter über wissens trill
dort leckt der weiße ab sein frolic keit
der guter gaben fülle: süße lücke
feinslieb ich könnt s auch anders sagen
die friskies brise schnurrt uns hinterm ohr
faust tick welt eins zwo drei galax ma nit
die schaukal stullen nützscht fürst mitternacht
und nach der schreibmaschiene solln die antern herrn
schöns heidi hat die bombe libby's lernen

Heidi Pataki

von der paradoxie des gedichts

gedichte müssen geistesgegenwärtig sein. ein gedicht hat keine zukunft, sondern nur gegenwart.

lyrik ist eine spezies der mode. wir kleiden uns nicht nur modisch; wir sprechen auch so. das kind der mode ist das gedicht.

großstadtlärm dringt herein, während ich dies schreibe. geräusche wie musik: die ratternden quinten der straßenbahnen, die quietschenden quarten der autos, die kontrabässe der preßlufthämmer.

hier drinnen ist die helle und stille eines salons der romantik, die klare durchdringende stimme der musik aus jener zeit, der revolution des bürgertums.

draußen gehn die leute ihrer arbeit nach; literatur ist ein minderheiten-medium. und wer schert sich schon um gedichte?

die männer sitzen in ihren autos und hupen manchmal wie im traum, die frauen schleppen schwere plastiktüten.

ordnung herrscht im lande.

doch konfusion ist das stilmittel des gedichts! anarchie ist die ordnung unseres lebens; sie ist die ordnung des gedichts. sein material sind bruchstücke der volkslieder, klischees, marschgesänge und trivialitäten. die stimme des volks ist die stimme des gedichts.

aber was jedermann glatt über die lippen bringt – hier wird es zerstückelt, verstümmelt, in fragmente zerschlagen. jeder vers wird amputiert.

das seziermesser sind die fragen: fragend falle ich der stimme des volks ins wort. was allen bekannt ist, hier ist es nicht mehr wiederzuerkennen. der zweifel am allgemeinen? das allgemeine verschluckt den zweifel! das kollektiv wird sieger über das individuum.

es bleibt ein album, in dem schnappschüsse von jedermanns geisteszustand versammelt sind, es bleibt ein museum, in dem die verschrumpelten trophäen des unzerstörbaren prunken. das unzerstörbare zu zerstören – das ist die paradoxie des gedichts.

NEDA BEI

GOTT & TOT

(1) vom engerling zum engerl

für mia williams

finzenberger lehnte sich zurück. es betrachtete traurig und enttäuscht die geringe menge ohrenschmalzes, die es gerade mit seinem elfenbeinenen grattoir gefördert hatte. es war fünfzehn uhr dreißig. finzenberger, das metamorph, hatte sich schon wieder zur anfertigung eines apokryphs überreden lassen. zunächst würde es kaffee trinken: es war beamtetes subjekt der wissenschaft und lebte seit jahren in wien. für ein wesen von fünf centimeter größe hatte finzenberger durchaus menschliche eigenschaften – nein! so geht es nicht! in diesem fall kann hofzwergisches nicht einmal anzitiert werden! beamten und funktionäre! jeder beamte errichtet sich auf einem künstler! auch hitler war ein verhinderter künstler! was für den politiker gelten mag, könnte auch für den beamteten wissenschafter gelten! oh, einmal nur phallus sein!
also: finzenberger spielt mit seiner in feinstem chevreau (ach! die sieben geislein!) verborgenen hand und gerät ins träumen. ja, die jasomirgottstraße! vor dem dom, da hat er es ihr gestanden, nix is es mit der filosofie gewesen, denn die ousia, da is er ein für allemal draufgekommen, das wär der schwanz, nein, nicht der phallus, der leibhaftige schwanz vom alten dingsbums, und da hat sich über die unmittelbare anschauung beim besten willen keine dissertation schreiben lassen, gelacht habm sie, und dann sind sie durch die blutgasse zum grünen anger gezogen, wo die frau von J. (gschamster diener) mit dem herrn kommerzialrat glück schon wegen einem tisch verhandelt hat (Tisch & Gfrett).
aber dann war finzenbergern Anderes ins existenzielle gedärm geraten! es, finzenberger, hatte finzenberger geschaudert! ach, mauserl, warum akkumulierst du wissen! es geriet zwischen

himbeerrote türen! es war wahr! ein kammerl hellblau, das nächste rosa, das dritte fliederlila gestrichen! hysterikerinnen und filosofische subjekte stellen die frage nach dem verhältnis von sein & denken! schon wieder eine filosofische dissertation! oh, diese ihre dissertationsmutter, welche grausamkeit, sie hat in ihr den edeln trieb erregt und ihr das herz in höchsten schwung bewegt, und dann is der schleier vor dem bild geblieben, oh, große göttin, wie wir zu dritt an diesem geheimen frauenort gespieben haben, aufgehängt zwischen den himbeerroten türen, die eine im hellblauen, die zweite im rosa, die dritte im fliederlila kammerl, »ousia« haben wir dabei geröchelt, und, was wir wiederum nicht gewußt haben, genau gleichzeitig hat ein anderer der gleichen dissertationsmutter den perserteppich vollgekotzt, aus purer synchronizität, der schelm! höchste zeit, daß die fastenzeit beginnt, und daß das frühjahr kommt, und der sommer, und dann gibts wieder einen urlaub in wien...

(2) S.·.S.·./schwarzes schlagobers

für daniela rustin

drunt in der lobau, wenn ich das platzerl nur wüßt ... drunt in der lobau, hab ich ein mäderl geküßt... erst wanns aus wird sein ... der liebe augustin, vollgekifft mit burgenländischem grass ... oh je ... alle freunde finzenbergers sind emigriert ... allein war es zurückgeblieben ... hatte sich von einem angebot der UFA verführen, ja, einschüchtern lassen ... auch die verwandtschaft muß versorgt werden ... poor poldi finzenberger ... totem & tabu, liver dumplings und gulaschsuppe ... können sie mir sagen, ob es am naschmarkt noch lebende juden zu sehen gibt ... doktor poldi finzenberger träumt ... die frau sopherl ... lancelot vom see ... eine rostige rüstung ... faule birnen ... lanz von liebenfels ... als dissertationsmutti enden ... herrgott aus stein, du ganz allein ... der zahnweh-herrgott lebt ... hinter dem dom haben sie einander ihr begehren gestanden: gassenkinder im labyrinth der philosophie sein ... da blickt der Steffl lächelnd auf

uns nieder, und denkt sich still, der stolze dom ... im herzen wiens, im zentrum ... S ... oh, die frage nach seinem denken stellen ... das ist mein wien, die stadt der lieder, am schönen blauen donaustrom!
die swarze seitung! fürstlike gnade! alles 'ier ge'eim gesrieben! nur für 'ohe persönlikeite! ... ja, die frau von wehowski und die frau major von majer! ... die swarze seitung! eine leikname in 'interkammer von eine gräflike palais! ... tod ist viel bittrer nicht denn seine säure ... die frau von wehowski und der schöne lancelot ... nach avalon san s geritten, a zauberin habm s besucht, in apetlon am neusiedlersee ... der neusiedlersee, das meer der wiener ... áppalon sagen die einheimischen ... avalon ist eine kleine insel in der dechantlacke ... in der lobau ... eine bürgersfrau mit der amante vergiften der hehemann diese nackt um dreie huhr!
ja, da war finzenberger mit den freundinnen spazieren! im winter hat es sich die finger am schilf blutig gestochen! und die freundin ist mit ihrem stiefel im sumpf eingesunken, trügerische oberflächen, und die natur hat »hilfe« geschrien ... lustig haben sie sich getummelt und geträumt ... ein film ... das genie ludwig van, und die wäschermädeln ... der ludwig ... und die pepi, die gustl, die franzi, die fritzi, die toni, die michi, die otti, die helli, die hansi und auch die friedl ... jaja, der gegensinn der urworte ... auch im prater is schön ... das wien wittgensteins und die engerln ... freilich ... worüber man nicht sprechen kann, net wahr, davon muß man halt wirklich schweigen ... in gnaden! tutte quante vertraulikeite aus die große welt! ... gott und die welt ... aber das war vorigen sommer, nein, winter, eben, mit dem beethoven-projekt ... das wittgenstein-projekt war später ... die rosen des schweigens ... die ewigen freimaurer-gschichten und die ewigen hosenrollen ... in vase indebito ... die poldi finzenberger laßt halt nix aus ... hast ghört? ... nein ... weil sie auch nie aus wien wegkommt, die arme ... verunglückt is sie ... zusammen mit dem pepi, dem gustl, dem franzi, dem fritzi, dem toni, dem michi, dem otti, dem helli, dem hansi und auch dem friedl, natürlich ... was, die alle auch ... ja, alle auf einmal ...

eine tortenschlacht haben sie machen wollen, aber das schwarze schlagobers, die tückische substanz ... ( ) ...

gott & tot (fortgesetzt finzenberger)

(3) poldi finzenberger lebt

für elisabeth

was bisher geschieht. das bekannte metamorph poldi finzenberger hat sich an schwarzem schlagobers ordentlich überfressen. es begreift sein dasein als frucht des zwiespalts. es beginnt eine kur. die kur schlägt an. poldi stochert mißmutig in der fröhlichen wissenschaft, will aber nicht so recht gelingen. friß, poldi, friß, ruft die tante mit den fliegenpilzen im kopfpolster. wer anderer fährt poldi abstrakt und zerstreut mit weißen glacéhandschuhen durchs haar. poldi beschließt, ab sofort nur mehr satinstöckelschuhe zu tragen.

(4) poldi geht ins kloster

für elfriede

poldi träumt von den mönchen und den nonnen. das unmögliche vereinen, wie der flüchtige uns gut bekannte sowieso sagt. da hat sich schon manche die zähne ausgebissen und nachher doch keinen zahnarzt gebraucht! die häme knirscht. poldi denkt. es denkt gar nicht daran, den strengen begriff abzuarbeiten! keine anstrengung mehr. noch eine kleine anstrengung mit dem franzosen, und dann sind alle schrauben locker. hei hei, wie sich poldi freut.

(5) poldi besucht das seminar

für herbert, opfer der frauen

man müßte klavierspielen können, wer klavier spielt, hat glück bei den frauen! neuerdings gibt es ein trinkendes klavier in poldis leben. poldi hat sich in ein trinkendes klavier verliebt! sie fleht: so erschießen sie mich doch nicht, ich bin ja nur der klavierspieler! aufklärungsversuche über ihr wahres geschlecht fruchten bei poldi nichts. poldi geht im wald spazieren. sie wird aufgefordert, von der wirklichkeit abzuschreiben.

(6) poldi folgt der markierung

für dani und andi

unter einer weißrotweißen markierung poldi einen holzpfeil. auf diesem eingebrannt: prinzensteig nr. 1. poldi allein in den wald. wird da das christkind bald? nein, es sommer! ein alter mann entgegen. dann ein reh (böcklein?). poldi in militärisches sperrgebiet. auf einer mauerruine eine bronzeplastik. eine kröte? ein frosch? diagonal ein meter. poldi ein meter. bei der ortseinfahrt: groß angekündigt ein tierpräparator. poldi wird nicht wieder kommen wollen.

(7) poldi telefoniert

mit kurt

poldi ist schon so lange nicht mehr gekommen! poldi erzählt. und da hab ich dann gesagt, hätten alle prinzessinnen, anstatt die frösche zu küssen & sie an die wand zu werfen, ein training mit zweikommafünfkilogrammhanteln und einem expander, sie doch nur dem tierpräparator übergeben, ganze sammlungen hätten sie anlegen können! ja, hat dann das klavier gesagt, das weißt du aber schon, sowas ist hexerei, da wär ja der ganze europäische hochadel binnen kurzer zeit dezimiert gewesen. poldi schämt sich für ihren snobismus.

(8) poldi träumt

von dir, liebste neda

es ist finster, und dann gelb. zwölf kleine katzen miauen und wollen vor den spiegeln gefüttert werden, eine kleine katze ist schlimm und will immer böse aufspringen und kratzen. böse ruft ich: astaroth! und streckt machtvoll die hand aus. die katze faucht und gibt ruh. beim aufwachen heißt es: braver soldat!

(9) poldi ißt

für helga und die frauenzimmer

poldi greift sich ans hirn. das schaut ihr wieder ähnlich! pfui teufel, sind diese texterln kokett! geradezu widerlich! zuerst is es ihr ja nicht aufgefallen, aber dann hat sie gott sei dank einen herrn getroffen, der ihr ganz ernst erklärt hat, daß frauen post mortem nicht schreiben sollten. poldi ist ganz traurig, ißt ein paar würstel und trinkt zwei weiße gespritzt. das hat sie jetzt davon, daß ich sie liebe.

(10) poldi wird immer fetter

für brigitte und branka

poldi comes home. poldis eheweib hat schon fest gulasch gekocht. jessasmaria&josefsehe! poldi muß brav gulasch (im winter) und letscho (im sommer) essen. zur nachspeise gibts manchmal bitterschokolade. dann folgt sprachunterricht. wenn poldi fehler macht, setzt es watschen und drohungen mit dem kochlöffel, weder zu kleinlich noch zu knapp. poldi hat immer hunger. ein watschenkoch nach einem biedermeierrezept. so hat poldi es gern. so soll es sein. so kommt poldi auch immer wieder.

(11) poldi lernt klavierspielen

für marina

poldi gibt nicht auf und kauft sich die geschichten von der ledernonne. wumm, da gehts zu! der papst hat jedenfalls nichts zu lachen. ach, waren das noch zeiten, als die heilige johanna von siena poldi im traum erschienen ist! im habit von weißem flitterstoff, mit blauen lidschatten und zyklamenrosa lippenstiftlippen, so ist ihr großer kopf in strahlend hellem licht aus dem dunkel getaucht! und poldis nackte präsenz hat die große mystikerin umhüllt. ach, wieder will es nicht & nicht weihnacht werden.

(12) poldi gibt auf

für inge p.

poldi will ins kino gehen. das heißt: sie will nicht ins kino gehen. also ein gegenteil. poldi greift männern gern an ihre gegenteile. schon wieder würstel mit saft! good oldy poldy. manchmal hängt es ihr einfach zum hals heraus. gibt es denn nirgends hach hach was rundes was nettes was rundherum adrettes. ja, die liebe, gell, poldi, nicht einmal prinzessinnenkartofferl! oder kroketten! armes katzerl. poldi besäuft sich mit rotwein.

(13) poldi gibt sich dem scheitern der ästhetischen illusion hin

für nix

ja, nun ist es endlich wieder so weit, und WEIHNACHTEN ist gekommen. happy poldi! mitten im sommer läßt es sich schon vorplanen, und jetzt trägt die planung früchte. poldi finzenberger sitzt in ihrem salon, die familie ist vollzählig versammelt. poldis tadellos geschminkte ehemänner tollen um den kamin und werfen hin & wieder wohlriechende hölzchen nach. poldis neue ehefrau hingegen ist vollbusig und sehr rothaarig. astaroth, anzündt wird! ruft sie, und siehe, die festesfreude brennt lichterloh. jö, so viele geschenke! die kinder spielen mit den neuen zuckerlrosa dildos, und die musikinstrumente bekommen von den ehemännern brandneue krawatten umgehängt. die weihnachtsgans wartet. poldi finzenberger lebt.

gott & tot (fortgesetzt finzenberger: poldi sucht eine freundin)

BISHER: das metamorf doctor poldi finzenberger hat zuviel schwarzes schlagobers gegessen & sich zuletzt dem scheitern der ästhetischen illusion hingegeben.

(14) EIN GUTER VORSATZ & auf der mauer:auf der mauer: sitzt a fette wanzn: schauts nur:schauts nur an:wie die wanzn tanzn kann:auf der mauer:auf der mauer... poldi sinkt aufs weiße polsterl zurück... zurück... fly on the wall...

(15) SAMTTAGNACHTFIEBER (DID SHE WEAR BLUE VELVET?) & doktor poldi finzenberger hat die unausstehlichen gewohnheiten regelmäßiger bordellgeher. die selbstinszenierung findet nur an vertrauten orten statt, ein kleiner seidenstrumpf, ja, schon wieder ein handschuh, diesmal schwarz genetzt (es war ein geschenk), das neue korsett ist schon angemessen, aber noch nicht fertig, ein kaffee in der herrengasse bei K, der nächste am Kohlmarkt beim D, wo, zum teufel, ist mein blauer wildlederschuh geblieben, zum tee in die waaggasse (atelier M), ein bißchen puder auf den frischen blauen fleck, fröhlich zirkuliert poldi, grüß gott! on the borderline again, ich will mich nicht vor der pest fürchten müssen, und wie gehts dir, meine liebe, eine glatt, eine verkehrt, wir haben uns ja schon so lang nicht mehr gesehn, aktiv & passiv, pain & pleasure, poldi is auf der gassn und singt, schöner gigolo, armer gigolo, denkst du manchmal an

die zeiten, und singt: poldi, ich hab ja nur aus liebe zu dir, ja nur aus lauter liebe zu dir, so viel getrunken. die sogenannten perversen sind arme teufel. poldi aber möcht ich mir doch ausgebeten haben, poldi ist ein kerl wie samt & seide auf herrenbesuch. (sollten wirklich alle menschen gute freundinnen gewesen werden? hat poldi einen freund gefunden haben?)

(16) DER TURM VON DER FRAU WAWERKA & wo du als husar, goldverschnürt sogar, durch die straßen konntest reiten. die etymologie is eine schöne wissenschaft. so, eeiinnss, die hohepriesterin, jaja, wissen, und zwoo, das auge des osiris, hat der kerl schon wieder sein aug verlorn, und drei, der flug des horusfalken, sind gnädige frau bitte schön im falschen spiel gelandet. harfix, il faut absolument corriger la fortune! patience, patience. her mit die andern karten. also herzbub scherzbub schmerzbub und kein bub! treff. karo damm, gut, und karo künig, die liebenden endlich vereint. no gut. eine kleine lautverschiebung rückwärts. poldi, zücken sie ihr schamzünglein! auf gehts. misch, misch, schnalz. was hat poldi im herzen? the queen of spade. masch, masch, schnalz, und was im kopf? ujujuj, beinah eine hochzeit. uff. und was läßt, schnalz, poldi unter ihren füßen zurück? erotische affairen! schon wieder der sakrische treff-bub! kleine seelische krankheit! und was, schnalz, geht auf poldi zu? kleines geld, und was, schnalz, von poldi ab? das große geld! seufz. jetzt braucht poldi eine zigarette. das große geheimnis numero sechzehn, das trumm von babelka, ist aus dem packl zu boden gerutscht.

(17) UNGLÜCK & no, wissens, poldi, an ihnerer stell tatert ich mich nicht aufregn. schauns, frau doktor, a so a fesche frau wie sie könntert doch schon längst, was sag ich, längst, verheirat sein. aber gellns, an mann findens no allerweil. allerweil! fünf kilo nimmst ab, dann nimmst dir an lover. an aufsatz schreibns, und dann gebns a ruh. gehns weg mit die finger. lassens mich in

kraut mit ihrnere neurosn. trinkens an tschoklaad. tans net in der nasn bohrn, das is schlecht für die schleimhäute. saufens net so viel. gehst denn net weg mit die finger. do you love me, do you really love me. beschäftigens ihnen mit der wildbachverbauung, und tuns mich nicht ärgern die ganze zeit. 17 a wird sich an der wildbachverbauung versucht haben, und am jagdrecht. wird wildern gegangen sein, gesicht und finger mit aktenstaub geschwärzt, abgeschaut von der italienischen einigungsbewegung, den carbonaten, die inzwischen nur mehr durchschlagpapier erzeugen, taucht er dann aus den gesetzblättermagazinen auf und weint bittere tränen über die bedingungen der abstraktion. das innere des geh, setz es, wird kein leerer raum geh, wesen, sein, irrt hier blanchot & bataille, retten sie mehrere robben, schleppt poldi karteikarten, die das jagdrecht in den landesgesetzblättern verzeichnen, rote & grüne schrift an der wand, bevor i midan jaga geh, varkauf i lieber leib & seel und mei jungs bluad dazua, warum machen sie es sich wieder so schwer, poldi!

(18) DAS SCHIFF DER TRAUMKAPITÄNIN & aha. ein blauweißes rockerl, zeig her, was hast denn drunter an?

(XVIII) FAUX LYS FOREVER & poldi wird von maria-charlotte verführt, eine wildfälschung zu begehen. die beiden machen die hühner von maria-charlottens großmutter mit bier betrunken. dann werden diese vermittels der jagdtrophäen aus dem eßzimmer zu auerhähnen aufgeputzt. die täuschung gelingt bei einem halbwegs tauben, recht kurzsichtigen mann aus der steiermark, der mit einer prunkbüchse aus dem museum auf die pirsch geht. maria-charlotte wird für die beschädigten trophäen zur verantwortung gezogen. wild & hund, ratz & katz, naja, lustig war es doch.

(19) NACH DER ZUKUNFT & also gestern hab ich mit dem A telefoniert. ja, weißt, und vorgestern auch. und vor drei tag war ich ihn besuchen. nein, verliebt bin ich nicht. nächste wochen

fahr ich nach berlin. nein, in wien bin ich schon. ja, er hat mich noch nicht rausgeschmissen. wann? oh, das war aber gar nix! nein, nein, ich paß schon auf. aber du kennst mich doch! du wirst mir doch eine kleine untreue erlauben. nein, vom verbot bin ich ganz abhängig. aber geh! so eine funsen. ja, ja, im prater. immer dort. nein, mit unserer freundin cathrin. aber was, das ist halb so schlimm. ja, ja, termine. wann? bald? nein, da bin ich zu haus. am besten, du nimmst das signal, zweimal kurz, einmal lang läuten lassen, wenn nicht, bin ich nicht zu haus. oder ich geh nicht zum telefon. ja. ja. mmmhm. ja, ich hab sie auch sehr lieb. jetzt können wir uns wieder nicht trennen. ja, sehr, das wissen sie doch. ich kann es auch nicht oft genug hören. also jetzt zählen wir bis drei, dann hängen wir auf. ja, im café bräunerhof, wo bräunerhof draufsteht. ja, ich erinner mich. nein, das war doch in triest. hast du mich auch lieb, wenn ich diesen aufsatz nicht schreib? sie wissen doch, sie dürfen alles. ich muß jetzt aber nicht die ganze nacht hier sitzenbleiben und schreiben? wie lieb du zu mir bist. ja, liebe, danke dir. nein, dir. ciao. ciao. ciao.

(20) ERST WANNS AUS WIRD SEIN & poldi, poldi, wie soll das enden! kann zärtliche & sinnliche strebung nicht vereinen, demaskiert sich als kleinbürgerlicher existenzängstler, der sich am boden wälzt, wenn er seine privilegien verlieren soll, und – POLDI, reifen sie endlich zum manne! wen interessiert das schon! ich hab es dir ja gesagt, sie ist eine schwere melancholikerin. unsinn. ja, es heißt luftkeuschenverordnung. ich weiß auch nicht, was eine luftkeusche ist. nein, die sylvia kommt nicht. ich schreib keine literatur mehr. ich kann überhaupt nicht schreiben. ich weiß nicht einmal, wer das ist. ich zeichne alles mit drei kreuzeln. mit einem roten faden, stell ich dir vor, hat sie die eigene mutter zunähen müssen! nein, nicht mit kreuzelstich. ich weiß es nicht. ich war ja nicht dabei. hängst schon fest in der textmaschin? für düsentrieb tu ich ja alles. ja, ich hätt auch so gern ein helferlein. ich weiß, ich weiß. den sade habms eingnaht. so sans, die weiber. o nein! es stockt schon wieder! kreisch! der zählzwang!

(21) ES WIRD I WEIN SEIN & mir werdn nimmer sein, und es wird schöne madln gebn, und mir werdn nimmer lebm. auch das. auf der blauen donau. schwimmt ein krokodil – die poldi will es fangen, mit dem besenstiel. der besenstiel bricht ab, die poldi die bleibt da – auf der blauen donau, und so weiter bis in die blaue unendlichkeit. eine heiße, mit einem süßen. was habm denn sie geglaubt! nur keinen streit, meine damen, da kommt der herr vom haus. weiße chrysanthemen schenkt er mir schenkt er dir schenkt er ihr zur hochzeitsnacht. hochpreist schließlich seine seele den herrn, und endlich ruhen alle in gott & ER in ihnen.

(22) WANN DER HERRGOTT NED WÜ & wenn der herr gott nicht will, nützt das gar nichts. fahr nicht um, sei schön stumm, sag: es war nix. nein bitte nicht, gnade, mausi, nicht jetzt. also in gottes namen. aber du weißt, daß ich morgen um sieben aufstehen muß! ich bin ein arbeitender mensch. poldi braucht noch ein viertel, und das sofort. die andern auch. wer kommt denn da bei der tür herein? hallo! mon cousin! hey, big spender! warst du schon lang nicht mehr da! na, du weißt, wie es halt so geht. und wer macht heute einen strip? arriva gigi l'amoroso! der uns entflammt, augen wie samt, die liebe schenken. gott, ist es morb hier! nein, die kommt doch nie hierher. na schon, oder nicht? ha ha. was? meine brüste kennt doch hier eh eine jede. seit wann sind denn die zwei zusammen? ich weiß schon wieder gar nix, völlig out. ah auseinand! aber nein. ah so, aus hamburg zurück? nein, so was nicht mehr. nicht im moment. jessas, du mit dein spirit. isses heute wieder fad! und? aber, meine liebe, dazu kennen wir uns wirklich viel zu lang. ein schönes knie, junge frau. also mich doch nicht! aber ja! er war gerade achtzehn jahr, fast noch ein kind mit weichem haar, ein mann zum lieben. nein, ich bin keine Kinderverzahrerin. ey ey. ich weiß, daß du jetzt ma bodi sonyo heißt, aber ich sag trotzdem lieber ferdinand zu dir. küß mich. (Alle:) ich ließ ihn gehen. und? na? unsere barfrau ist die größte. lassen sie sich noch einmal auf ihre entzückende

schulter küssen. ich danke ihnen. was die frauen&kinder nicht wollen. mmmhm, danke.

(23) COME ON LET'S TWIST AGAIN & so wie letzten sommer ... so wie letztes jahr ... poldi komm poldi komm und erzähl mir was aber bitte bitte was von der liebe ... poldi dies oder das oder irgendwas aber bitte bitte was von dem glück .... colloquial english .... marivaux bis céline .... geh red doch nicht so ein unsinn daher .... herrschaft nein .... ja dann .... der herr hat ein feuer .... der büchsenöffner is zum wegschmeißen .... die frau doktor penzenberger möcht überhaupt lieber ein hustenzuckerl .... poldi finzenberger und dora penzenberger, ein schönes paar .... sie müssen ja nicht klavierspielen können .... gehns lieber aktzeichnen .... wer zeichnet heutzutag noch akt .... come on let's twist again like we did last summer .... die luft flimmert .... weil es so heiß ist .... let's poldi .... die stunde des pan .... my baby does the poldi-poldi .... aaah .... und wem ist das lachen vergangen .... der große gott pan .... pan&pandora, und gar nix is irgendwo .... die dora war ganz plötzlich da, eine gelernte morphologin .... and now i found my love was not for you .... bitte, sagt poldi, wenn sie weinen wollen, ich hab immer ein taschentuch mit ..... ein ganz kleines a .... nous entrerons dans la carrière quand nos aînées n'y seront plus ..... bethlehem, hörst den heiland du ..... laß ihn ein ..... bien moins jalouses de leur survivre que de partager leur cercueil ..... tota pulchra es maria ..... wollen wir essen gehen ..... liberté liberté chérie ..... combats avec tes défenseurs ..... aux armes citoyens ..... folgt gesang.

NACHHER kommt poldi zurück, weil sie auf dem tisch ein buch liegen hat lassen. das buch hat einen lila umschlag. da steht hinten drauf: »Mein Herz. Niemandem.«

gott & tot nummer vier: finzenberger gerät in die Literatur

ja, jetzt ist es so weit. staunenswerterweise ist wieder einmal alles ganz anders und auch gekommen, als poldi es sich gedacht hat. auf eine kindstaufe hätte poldi sollen! ist aber krank geworden. lieber krank als auf fremden kindstaufen.

poldi liegt in seinem betterl. die quecksilbersäule steigt. frei schreiben, hat er gesagt. ohne schielen schreiben, hat sie gesagt, du weißt, hier unterscheiden wir objekt und metafer nicht mehr. hier, das ist das hinterzimmer vom wirtshaus am grünen anger, wo auf roten wänden weiße rosen blühen. poldi im betterl sieht alles ganz genau. denk dir nix, sagt die weise frau, das fieber geht vorbei. poldi hustet. morgen komm ich wieder und bring dir einen guten tee mit. poldi krächzt dankesworte. hast du aber kalte hände, sagt die weise frau, na, bis morgen. poldi sinkt in die polster. der text geht weiter. stechapfel, nimm einen stechapfel, hat sie gesagt, aber nicht einen samen zuviel, oder nimm ein anderes nachtschattengewächs, hat sie gesagt, halt mich zurück, wenn ich über mein balkongitter springen will. poldi dreht sich auf die andere seite. lieber will es klavier üben als noch einmal im wirtshaus im grünen anger sitzen, wo solche sachen gesagt werden. aber es ist zu spät. das klavier will nicht geübt werden. poldi hat in einen paragrafen gebissen, die krone ist zerbrochen, zum zahnarzt hat es müssen. noch ein aspirin. mami! poldis mama ist mit poldis papa verreist und kann dem noch immer nicht entwachsenen kind nicht zur hilfe eilen. ist die schwarze köchin da nein nein nein zweimal muß sie ummarschiern das dritte mal den kopf verliern du bist schön und du bist schön und DU die allerschönste

des lettres pneumatiques. nachwort zur vorliegenden ausgabe

wir können und wollen uns jetzt nicht bei den näheren umständen von poldi finzenbergers tod aufhalten. es ist anzunehmen, daß verschiedentliche kränkungen finzenbergers krankheit zum tode hinreichend erklären. finzenbergers dasein als metamorph hatte sich eben in der metamorphose erschöpft. möglicherweise frühzeitig erschöpft! denn: finzenberger war ein besonders intensives metamorph! allein der ernst, mit dem es seine diversen geschlechtsverwandlungen gelebt hat, kreisläufe durchquert, die einen geschlechtslosen (es), dann einen männlichen (der poldi), einen weiblichen (die poldi) *und* einen zwiegeschlechtlichen (es) status kannten! nur wenige ihresseinesgleichen werden wir gefunden haben.
finzenberger war seiner zeit weit voraus (wir bleiben beim es). diese dankte es ihm mit angeboten unbezahlter arbeit, dem zwang, geistschreiberisch die ergebnisse der harten verwandlungsarbeit von inhalt in form unter anderen namen wiederfinden zu müssen, und dem verschweigen seiner bemühungen, unermüdlich privates und politisches in schwierigsten prozessen zu amalgamieren. sprechen wir sozusagen zeithistorisch, dürfen wir uns doch nicht den gedanken versagen, daß die pflege, der finzenberger in seiner letzten lebenszeit sich anvertraut hatte, vielleicht doch nicht immer kundig war. seiner krankheit zum tode wäre eine solide behandlung mit sulfonamiden vielleicht angemessener gewesen als eine therapie mit unbekannten kräutern, schnaps und aspirin. dies muß aber vermutung bleiben.
die vorliegende ausgabe ist elliptisch. es handelt sich um eine neuauflage der edition, die dora penzenberger als testamentarisch eingesetzte erbin des finzenbergernachlasses vorgenommen hat. die bedeutende morphologin hat in äußerst umfangreichen und komplexen kommentaren der werkausgabe die ihr eigene dimension erst gegeben. verwiesen sei somit auf die gesamtausgabe der gesammelten schriften dora penzenbergers.
in ergreifender weise hat die bedeutende morphologin mehrfach

beschrieben, wie sie nach finzenbergers tod und dem bekanntwerden der testamentarischen wünsche des metamorphs dessen in schrecklicher unordnung gehaltene sozialbauwohnung (wohnungsgenossenschaft familie) im vierten wiener gemeindebezirk durchsah. ihr morphologisch geschulter blick sagte ihr, daß das arme metamorph an eine geheime ordnung geglaubt haben mußte. aus dieser nie ersichtlich gewordenen ordnung aber hatte laut der wunsch zu ihr gesprochen: gib mich heraus! was sie getan hat.
dora penzenberger hat die grundsätze, denen ihre elliptische edition gefolgt ist, penibel erläutert und begründet. penzenberger, die am prinzip des privaten festhielt, kam allerdings mit einigen der aufgefundenen fragmente nicht zurande. dies betrifft vor allem die bis heute nicht edierten tagebücher des metamorphs. heutige herausgeber würden finzenbergers bemühungen, ästhetik & ethik konsequent zu verschmelzen, in diamantener reinheit & härte denken & leben in 1 & 2 zu setzen, möglicherweise anders beurteilen. wir halten hier. die zeiten mögen sich geändert haben.
wir schreiben einige jahre nach der wende – wird es die wende zu einem neuen jahrtausend gewesen sein? wir können es nicht wissen. wir edieren die penzenberger-archive, die, einer verfügung der weitblickenden morphologin entsprechend, mit der wende öffentlich geworden sind. wohl aber wissen wir als herausgeber und verwalter der in diesen archiven versammelten materialien (und keineswegs als allwissende erzählersubjektfiktion), daß wir, mikronarrative und/oder biografistische strukturen hin oder her, die rechte an den in den penzenberger-archiven versammelten texten wahren wollen und werden.

otto oberbauer, ottilie oberst-oberbauer, josef herbst, josefine herbst, alex hasenörl, alex tichy-hasenörl, marie nirtzky-cuvée, carl-maria nirtzky-cuvé, daniela sommer, daniel sommer-sommer, fritz wolf, friderike beer, franz fuchsthaller, erika winter, erich winter, berislav steinmayr, sofie zur-ivančić

für den wissenschaftlichen beirat
der penzenberger-foundation
(roitham – tokyo – new york)

der facettierte blick eines insekts.[1]
von gundula traunstein

ich hatte während meines aufenthalts in roitham wiederholt gelegenheit, mit der enkelin von dora penzenberger zu sprechen. mehrmals machte ich mit der reizenden alten dame[2] ausgedehnte spaziergänge[3] bis zur seepromenade nach gmunden hinüber. ich habe die tonbandaufzeichnungen unserer sitzungen im gmundner rathauscafé[4], deren verlauf bisweilen vom üppigen quetschgenuß der alten dame bestimmt (wenn nicht beherrscht!) war, wunsch- und pflichtgemäß der penzenberger-foundation[5] zur verfügung gestellt.
dora penzenberger III, selbst eine bedeutende morphologin und konsequente junggesellin, interessierte sich am meisten für die ausgedehnte postkartenkorrespondenz, die ihre großmutter und poldi finzenberger zeit ihrer leben unterhalten hatten. ich darf durchaus zusammenfassend feststellen, daß vor allem in den vom quetschgenuß bestimmten (wenn nicht dominierten!) gesprächspassagen weite teile den mutmaßungen darüber gewidmet sind, ob die bedeutende morphologin und das große metamorph nun direkten sexuellen kontakt hatten oder nicht. dies ist im hinblick auf die interpretation der konzeptionen von psychosexualität (genannt liebe) und privatheit bei dora penzenberger I natürlich von eminenter bedeutung. ich hatte gelegenheit, den gesamten finzenberger-nachlaß zu sichten. hier harren der morphologinnen und morphologen meiner und der nächsten generation seltene aufgaben.
die kürze des vorliegenden berichts ergibt sich zum großteil daraus, daß umfangreichere auswertungen des tonbandmaterials (gespräche mit dora penzenberger III) aufgrund der satzungen der penzenberger-foundation entfallen müssen.
dennoch möchte ich folgende arbeitshypothese an den schluß dieses meines berichts stellen: die prinzipien der elliptischen edition von dora penzenberger I waren gerechtfertigt. um diese

these zu illustrieren, werden einige fragmente des finzenberger-nachlasses in der folge wiedergegeben.

fragment 1 (A)

gott & tot: fünf finzenberger redivivus
wenn poldi geschwiegen hätte
wenn poldi die goschn hätte halten können, hätte es durchaus in die filosofie geraten können. aber nix is es gewesn! das vorlaute metamorph hat sich unvorsichtig, unbehütet und ungeschützt in ein seminar begeben und dort den mund aufgemacht. natürlich ist die nächst menstruation ausgeblieben! da hat poldi aber geschaut. das hätte es einem solchen seminar nicht zugetraut. schließlich hatte es vorher auch schon seminare besucht!
finzenberger gerät in panik und kann nichts mehr arbeiten. brauchst du auch nicht, beruhigt man es, brauchst du doch jetzt nicht. die dreimonatsfrist verstreicht ungenützt. poldi beschließt, in kalau zu entbinden. es genießt (das kommt von genese) von fünflingen. erstaunlicherweise sind zwei der fünflinge männlich und drei weiblich: ein wunder! und das wort ist fleisch usw. gott, wie frau sieht, ist nur schein-tot gewesen! als finzenberger versucht, die fünflinge zu säugen, sterben diese.
finzenberger lehnte sich zurück. es betrachtete traurig und enttäuscht die geringe menge ohrenschmalzes, die es mit seinem elfenbeinenen grattoir gefördert hatte. es war halb vier uhr.

fragment 2

poldi erkennt das ganze ausmaß seines verfehlten seins. poldi ist extra an den wannsee gefahren und braucht dazu ein bis drei strandkörbe. poldi buhlt mit jedem wort um die zuneigung aller hinterbliebenen poldi kriegt einen krampf in der wade poldi hört spencer davies (so glad we made it) poldi vergißt ihr adreßbuch (i want you) poldi ist zu nix mehr zu gebrauchen (gimme soma lovin) poldi bohrt nase (every day)

fragment 3

POOOLDI poldi i love you take care. poldi & (unleserlich (B)) fahren nach fenedig und ficken, bis sie umfallen, ne bis in idem, bis sie umfallen
geschlechtsmaterialismus an einer frau ist kein HÜBSCHER zug it is not becoming. weder an einer frau noch an einem mann ist geschlechtsmaterialismus ein schöner zug du mußt es einräumen

fragment 4 (C)

poldi die killermonade
während dora den steuerknüppel hält

fragment 5 (D)

poldi wird verrückt. poldi ißt fliegen. poldi greift zu. poldi deliriert. poldi haut sich ein blaues auge. poldi frißt fliegenpilze. poldi raucht stechapfel. poldi fliegt vom balkon. poldi frißt eine morphologin. poldi speibt. poldi beschimpft sich selbst. poldi rastet aus. poldi segelt nach californien. poldi ißt ananas. poldi verliebt sich. poldi hat einen termin. poldi fotografiert. poldi macht schulden. poldi fälscht ein ereignis. poldi verrät die allerbesten freunde. poldi kommt ins gefängnis. poldi tötet einen drachen. poldi lernt fliegen. poldi schwimmt. poldi schluckt schwerter. poldi wird erste schleppträgerin. poldi wird verbannt. poldi im dreißigjährigen krieg. poldi schreibt an den wienerwald. poldi kriegt sumpffieber. poldi scheißt in ein musikinstrument. poldi treibt es zu bunt. poldi trägt wieder schwarz. poldi brennt sich ein loch in den anzug. poldi ist gscheit, aber teppert.

(1)

tod und wissenschaft à la viennoise

(für brigitte classen)

sehr geehrte gnädige frau,

[redacted] sie rufen mich an und bestellen etwas über tod & wissenschachft, was mit wien zu tun haben soll. das problem ist, daß - wie mir im letzten jahr vermehrt [redacted] auffiel - auch durchaus aufgeklärte frauen [redacted] aus den prueßischen schwesterlanden sich [redacted] vorstellen[redacted]n, darauf ist mir zunächst nur eingefallen, daß eine solche bestellung mit einem patzen schwarzen schlagobers eröffnet werden sollte.

schwarzes schlagobers (2)

felbinger biß in seine unterlippe. felbinger war ein subjekt, das beamteterweise [redacted] wissenschaft betrieb. felbingers amtsräume hatten ein fenster mit beschränktem weitblick über die dächer von wien. [redacted] direkt konnte es auf einen giebel blicken, auf dem der architekt das baujahr des hauses das baujahr unter dem wappen des stiftes [redacted] der schottischen brüder vermerkt hatte. zwei muskelmänner trugen den giebel. lebende tauben krochen in [redacted] viereckige löcher aus und ein. MDCCCLXXIII.

felbinger war schlecht. es hatte zuviel schwarzes schlagobers gegessen. [redacted] es saß immer bildern auf, die sich andere von ihm machten. alle wiener beamteten [redacted] wissenschaftssubjekte essen schwarzes schlagobers.
ine [redacted]große portion war ihm von einer lacanistin serviert worden, die auf dem wiener naschmarkt lebende galizische juden zu sehen wünschte, bevor sie ihren wiener aufenthalt abbrechen und nach hause reisen würde.

felbinger leerte den großen napf schwarzen schlagobers', der zum heutigen verzehr bestimmt war, mit einer knappen geste
ort aus dem fenster. es ging ihm [redacted] besser. das schlagobers verteilte sich zu flöckchen und entschwebte, ohne [redacted] fassaden, fußgänger oder fiaker zu berußen.

felbinger ließ sich einen doppelliter [redacted] schwarzwein auf sein zimmer bringen und sang: wo ich bin, kann der [redacted] tod nicht sein, [redacted]. es war vom vielen saufen ziemlich übergewichtig geworden [redacted]. ein ihm befreundetes subjekt rief an und wünschte (1). einen ~~filosofischen~~ diskurs. sie trafen sich und gingen ... in einer toilettenanlage.aus

anmerkungen

1 stipendiatenbericht gemäß artikel 23 der satzung der penzenberger-foundation (roitham – tokyo – new york)

2 eigentlich war sie eine ziemliche bißgurn

3 eine rüstige neunzigerin

4 vulgo: brandl

5 vergleiche artikel 15 der satzung der penzenberger-foundation (roitham – tokyo – new york)

A die hier präsentierten fragmente sind alle dem karton nummer siebzehn des finzenberger-nachlasses entnommen. zum ersten fragment ist inhaltlich auf die arbeitshypothese des berichtes zu verweisen.

B wie anm 5

C siehe die tonbandaufzeichnungen (gespräche mit dora penzenberger III), den bericht (zweiter absatz) und anm 5

D es dürfte sich bei dieser handgeschriebenen butterbrotpapierseite um einen arbeitsplan zur fortsetzung begonnenen werkelns handeln. siehe auch arbeitshypothese.

mein dank gilt der penzenberger-foundation, frau doktor penzenberger III und den anregungen, die meine teilweise sehr entmutigende arbeit durch frau sabine scholl (wien – berlin – wien – paris – wien) erfahren hat.

ELFRIEDE GERSTL

ratschläge für einen literaten

in wien fall hin
nach berlin kannst ziehn
nach bogota alser toter
faulenz in florenz
in prag tag
in paris an gstiess
in rom
such den stefansdom
in den abruzzen
kauf stuzzen
lieb in leoben
fozen in bozen
hab an lebenswandel
im alpenlandl
und dicht
überhaupt nicht

ELFRIEDE GERSTL

Balance – Balance

dieses Sitzen in der Sonne von Rom
ist keine Lösung
für dieses und jenes in Wien
und in meinem Kopf
dieses Sitzen auf Stufen weit weg
von Wien und allem
der Kampf mit lästigen papierlüsternen Ameisen
hält mich in Schwebe
über gar nicht unwahrscheinlichen Abstürzen
wie die AUA- und Alitalia-Vögel
über den sogenannten wirklichen Abgründen
von denen man wegschaut
auf kleine käfrige Buchstaben
oder sonst was

ELFRIEDE GERSTL

guten morgen – guten morgen

mein wecker ist meine blase
morgenstund hat blech im mund
mein Kopfschmerz
macht mir beine
die mich küchenwärts tragen
zum guten Aspirin
zur vitamin brause
zum aluminium-bonbon
jetzt ist mein magen gerüstet
jetzt ist mein nervenkostüm gebügelt
jetzt ist mein kopf präpariert
für die watschen des tages

ELFRIEDE GERSTL

konkrete poeten und die es einmal waren

wer diesen angestrengten weg gegangen
verlegen vor verlangen nach exaktheit
verlogen nennend die kalkül verachten
betrogen um die zeit die sie verloren
befragen sie den nutzen der askese
betragen sich wie aufgeklärte ketzer
betrauernd ingeheim verlornen glauben

MARIE-THÉRÈSE KERSCHBAUMER

Aloe o Aloe

bleib sieh mich an ich bitte fleh' noch einmal diesen da den Blick ich meine. der Gegenstand aus Harz Wort Haut und Hülle. ja diesen. trage du das da nach dort und geh bewegend dich aus mein' Blick fort und komm. zurück aus dieser Tür aus dieser schwarzen Leere treten sollst. das Nichts abschaffen. die eine schwarze Schlucht ja der Türrahmen ja der. du lösch die Angst aus. geh. fort ich sage durch die Tür tritt. ja bleib. steh! aus mein' Augen. fort. warte! dort hinter diesem Angstloch halt. nicht von der Stelle. du da. ja du. daß du wartest. ja ein Überfall. mein Blick ist da und wartet daß du gehst und nicht gehst es nicht kannst und umkehrst. anhältst. mit nackten Fingern. an-fassen. ja verbrennen. ich auch. wie das kommen ist. was fragen. was wissen. du hören. ich sprechen. nein sag nichts sei Ohr jetzt meiner Zunge. ja Zunge. was glaubst du wer ich bin. glaubst du ich warte grundlos und ohne Boden durch alle Zeiten und du entkämst? was glaubst du wird geschehn wenn ich dir alles wirklich alles wenn du weißt? ab-wenden. wollen. nicht können. glaubst du ich habe mein' Augen-Hunger nur so? glaubst du ich lasse dir die satten schweren Glieder dein Vergessen? mein bist. weil ich weiß. ja alles. nein. glaub nichts. es ist gelogen. ja lügen. ja Rettung und keine da. dein Armen dein' braunen Gliedern dein langen Flanken wehend Haarwind. dein Kraushaar. wie Draht ja. dein blaues Lippenpaar dein roter Zungen-Grund. langfingrig gelben Innen-Hand. ja und Halspochen. lächelnd sagst du und Zähne wie ein junges Tier. und dann die Schale Hülle samten Haut ja. weich und warmkühl. Nachtwind. Tag Traum. Schleier Eule Kätzchen Raubvogel Vogel Flug. Mundflaum Lippenwinkel Weichteile nachziehn lippig streifen abtasten pochend Aloe. Licht fluten. Lichtfluten. Licht. Am End' des Finger (Spitzen) Spiels. Garn winden Faden Wind im labyrinth'nen Kies knien. nicht knien. liegen. stehen. nein Tanz. auf und ab. Leicht-Fuß. dein' leichten Fuß Sohlen streifen lecken. ich will den leichten Fuß im Sommer. Beinschnüre kreuz und quer. blau. mein Blau mein Blau. Härchen Achselspangen dein' runden Apfel Schultern. Langarm Gesten. mein Lippenmund mein Augentrost mein Wermuth mein Alaun. mein Kalksteinbecken Licht an Fingers tip-toe. fleischrot Lohenstein und Fisch. herber Stein und Berber Mund o du mein rosenfarbner Grund. du fohlenfarbig nasses Fell. Libell. du mein Libell. und der Freund die Seerose stahl doch das ist lang vorbei. also: Libellenflügel. Aloe. o Aloe. Algier – Algier Algol Algonkin. dein rotes Haar. dein blasses Fleisch dein zartes Angesicht. Algonkium Algraphie Alhambra. im Regen nach der Flußfahrt leise eintauchen und Schutz und Schelter unter Fresken. rötlich gelblich blau und arabesk. der Thronsessel unterm Baldachin und ich rieche die Feuchtigkeit des Regens aus den Kleidern der Besichtiger mich friert ein wenig und ich bin hier und nicht hier. ganz weit in dein' Augen-Augen. ich sage wann. ich sage bleib. ich taste nach dein' Arm im Trench-Coat. vorsichtig. andeutungsweise. du tust so als bemerktest du's. du tust so als bemerktest du's. du tust so als hätt'st du gewartet. daß ich's tu. dein blondes Haar. dein blankes Herz. noch einmal steh. sieh um dich. schweifen Silhouetten nehmen und entlassen. Blickproben sekundig. Gesten abtasten. Erkennung prüfen. du da. ja du. zögern Ziel Wendung Richtung Ausrichtung auf mich zu. immer auf mich zu. bald bist du an. bald bist du an mein Herz. bald wirst du mich. bald wird mein Herz an deinem. knien pochend flimmern unter Hochdach glasig Eisen. die Kuppel dieses Runddach halt mein Herz. nein laß mich flieh die Flammen flämisch Haar. dein flämisch Haar dein Lippenpaar. der schwere Knoten als ich in dem Studentenheim im Wasser-Regen dein Haupt dein braunes Haar im Tuch verknotet und Lächeln immer wieder Zähne weiß und weiblich und schlanke Arme bedächtig ungeübt wie ungeübt den schweren Haarknoten auf tun der rechte Arm hoch und zur linken Schulter langsam in der Vorfreude des Bads und dieser Blick Gruß aus der Armbeuge Verzeihung darf ich du darfst o alles darfst du mit deines schlanken Halses Harfe tönend fragen und die funktioniert doch oder? und nachher besuch mich auf der

Durchreise und deines war Zimmer so und so und dein Lachen nach dieser ungewöhnlichen Begegnung die sich ausdehnt über Nacht wir haben kein Licht an nur vom Campus in dem Aus-Land dringt helles Licht nachtlang nächtelang und ich werde dir schreiben und du wirst mich besuchen all diese schönen schlanken Lügen und deine Jünglingsknöchel in der Wasserpfütze dort im Waschraum und der Augenblick des Haarmantels um deine Jünglingsschultern wenn du dich umdrehst allsogleich umdrehst und ich gebe vor mich ganz auf das Frottee-Tuch einzustellen und du kannst jetzt nichts sehen der Seiden Mantel hängt in schwarzen Schlangen dir über Augen züngelt zu Brüsten an bewegten Ellen Bogen an deine Flanken die unmerklich nach innen gedrehten Knie deinen geschlossenen Tabernakel. Aloe o Aloe. mein Regenwald mein Heilkraut mein Getränk. o du im schwarzen Haar o du im Ruh'n du. erzählend den Geliebten immerzu. beim Abschied dich an mich o du. den Zungenpfeil tief in mein' Lippen Mund. bleib. geh nicht fort und senke nicht den Blick: ich bin es bin es ich bin ich. im mondlichtschwarzen Sand und eilends Hand in Hand. dein komm und geh dein Straucheln und mein Fallen in die Gischt. dein spiegelglattes Warten dein Gesicht. die Ankunft in der Früh nach Tag und Jahr. dein' Wiederkehr dein Bitten mein Gewähr'. und deine Stimme als du sagst wenn du der Liebe leid bist wirst du gehn dann hast du Ruh' und auch nicht eher sollst du gehen shoe by shoe! bleib. sieh mich an ich bitte flehe noch einmal diesen da! den Blick! ich bin mein Gegenstand mein harzen Wort Haut Hülle ja diese meine ich und trage du das da nach dort und geh' beweg dich endlich o ich mach dir Beine aus Messern! du sagst du willst nicht weil Schweigen Sagen ist o! schweige du nur ewig schweig und schweig. daß dich die Angst frißt. daß dich der Geiz. daß deine Hoffart daß dein Lügen daß dein Stolz. und Hochmut. ja knapp vor dem Fall. mein Fall. unaufhaltsam. mein unheilbarer. Fallust Fallatio Fell um Fell. Ripper! Lippenfell. Rippengrell. Filippo Lippi! Lipperheide Lippenpfeifer Lippenpflock. o rock me rock me rock my soul! me rock! Aloe. o Aloe. laß' gut sein. nicht zu nahe. dort. nur einen Augenblick. nur diesen. eh du vortrittst. eh du dies Zimmer sagst und deutest über'n Platz. wirf nicht die Zigarette. Nebel. buchstäblich Pflastersteine und der Untergang des Abends. und wir Ertrinkende im Licht der falschen Gaslaternen. wir. unter Portalen. kurz vor Mitternacht wachrüttelst mich: wo bist du tote tote Liebe: und ich: Schweben im August wenn Hitze tropisch jenseits der Karpaten. den Himmel sagst du nahe Sterne Luftspiegel Nebelqualm und kaltes Blau. Blickheben rasches Senken: wirst du wissen? ungenau? verschönigt? milde? stark und Gleichmut – was? Hautschluchten Dämmerungen verströmter Horizont: gejagt von Hunden wandert fort Orion und Berenike weiht vergebens Haar um Haar: der Kuß im Mittag wird nicht sein und ist doch wahr und ist doch wahr –

Marie-Thérèse Kerschbaumer
im Gespräch 1985 (Ausschnitt)

K.: Würde ich für breite Leserschichten schreiben, ich würde nicht mehr schreiben können, weil ich mir denken müßte, das wollen die gar nicht. Ich muß rücksichtslos schreiben und immer rücksichtsloser, weil ich sonst verstummen müßte. Das ist ein Aspekt. Der zweite Aspekt ist der: selbstverständlich werde ich gern gelesen, aber hauptsächlich würde ich gerne gelesen werden von Freunden und Kollegen, von den Engsten. Jemand wie ich, ich schreibe in Wahrheit nur für ganz wenige Menschen.
A.: Aber bedauern Sie das nicht?
K.: Nein. Ich weiß, daß das Widerstandsbuch doch von vielen gelesen wird, hauptsächlich von jungen Menschen. Bei den »Schwestern« ist es schwieriger.
A.: Ihre Anstrengung, die Geschichte oder das Verdrängte zur Sprache zu bringen – hat das zu tun mit der österreichischen Geschichte und Gesellschaft?
K.: Sicher. Das Widerstandsbuch habe ich geschrieben als Widerstandsakt gegen die Verschleierung des Faschismus und die neofaschistische Literaturüberschwemmung seit den 70er Jahren, die Soldatenerinnerungsbücher, dieses ganze Zeugs.
A.: Und gegenwärtig?
K.: Ich versuche noch einmal zu formulieren: wofür schreibe ich? Vor allem muß man sich als Literat so wahnsinnig zusammennehmen, daß man bestehen kann gegen die Sprache des Journalismus, der Medien. In dem, was dann gedruckt dasteht, gelingt es vielleicht, sich gegen die hunderttausend Ergüsse der Mediensprache abzusetzen – und es ist auch notwendig, sich abzusetzen mit Hilfe einer künstlerischen Form. Ich glaube, das ist die Möglichkeit, sich zu entziehen, sich da herauszuhalten, sich zu retten – selber denken zu können.

FRIEDERIKE MAYRÖCKER
comicstrip, eine Oper

es spielen & singen
snoopy
maria callas
300 stimmen
die sich andauernd von einer seite der Bühne zur andern
bewegen und rufe ausstoszen wie aa! eeh? ooh! iih!
ööh! uuh! üüh! buuh! scheih! brr! sss! ätsch! bim!
wui! pff! srr! ticktack! schnarr! klpf! rtt! zz! Z! (gemeint
ist hier: stimmlos; stimmhaft) fff! trr! kk! k.o.! o.k.! sst!
auh! biff! sniff! krzz! x! x! x! (etc.)
snoopy
im blauen turnanzug mit ausgebügelten haaren
wirft die arme in die luft
maria callas –
die Beweglichkeit ihrer mundpartie läszt zu wünschen
übrig –
es erheben sich schreckliche wellen wie auf
japanischen stichen
und fluten über die beiden hinweg
die 300 stimmen (s. o.)
klagen in ohrenbetäubender weise
sobald sich die flutwelle gelegt hat
erscheinen
snoopy
maria callas
und lächeln
bei maria callas hat die Beweglichkeit der mundpartie
sichtlich gelitten –
bei snoopy die stimme
er macht einige bewegungen im blauen turnanzug um sich
zu erwärmen –
chor braust über die Bühne

schreiend : flautando flautando etc.
kommt den 300 stimmen ins gehege
die Bewegungen der beiden blöcke geraten allmählich arg
in verwirrung –
so dasz snoopy
und maria callas
um hilfe rufen weil sie im allgemeinen getümmel beinah
untergehn
maria callas
dementiert energisch gerüche
snoopy
im blauen turnanzug mit ausgebügelten haaren
fühlt sich
zum präsidenten der österreichischen
interpreten gesellschaft ernannt
schüttelt mähne
lächelt
erstickt fast
im allgemeinen getümmel
ein anderer chor wirbelt nun ins allgemeine getümmel
der 300 stimmen (s. o.)
und des ersten chors (s. o.)
aus der tiefe des raums nach vorn
und lärmt mit kleinen Trommeln, Pauken, Posaunen,
Violinen, Kindertrompeten etc.
bis lärm monströs –
maria callas hält sich die ohren zu
– die Beweglichkeit ihrer mundpartie hat gelitten
snoopy beginnt zu weinen
er ist klatschnasz
da senkt sich von oben ein weiterer chor herab
und mischt sich ins allgemeine chaos
(dies ist ein nies- und husten-chor)
maria callas hält sich ein spitzentaschentuch vor mund
und nase
snoopy weint heftig

seine haare schleifen auf dem boden
aus der versenkung – extrem rechts –
steigt die freiheitsstatue mit einer Handgranate in der
schwingenden faust
alles wirft sich automatisch zu boden
die freiheitsstatue dreht sich um ihre eigene achse wie
ein diskuswerfer
und lächelt
alles kriecht am boden umher
angst auf allen gesichtern
snoopy wimmert
maria callas verzichtet auf jeden gesellschaftlichen Verkehr
die freiheitsstatue dreht sich um ihre eigene achse
sie schwingt die Handgranate bedrohlich
es wird plötzlich ganz dunkel
man hört ein schreckliches krachen
einen knall
eine explosion
– sobald es wieder hell wird
marschiert
snoopy
langsam über die leere Bühne
sich immer wieder räuspernd
auf den boden spuckend
mit auf dem rücken verschränkten armen
einen anflug von Traurigkeit auf dem gesicht
&
umherblickend
als ob er etwas suche..

FRIEDERIKE MAYRÖCKER

BONANZA oder UNSTERN ÜBER WIEN

FINSTERLING durchs hüfthohe Gras Unterholz
während ein UNSTERN über Wien, heiszt wolg,
sind nur Strunk Baum Ruinen etc
absolut das entspricht dem Schnitt und so –
also: FINSTERLING durchs hüfthohe.. durch Strunk
Baum Ruine, Laub, über den Waldboden, BONANZA
im Maul
absolut, entspricht
absolut unserer Science-Fiction-Situation
jetzt fällt sozusagen jetzt fällt die 29. Klappe
(maul halten maul schell halt die klappe, etc. fällt Ihnen
dabei, kein wunder)
abla(tiv) wie soll ichs sagen: pro-py-läen, nein
stellen Sie sich vor
apo-kalyptisch, also: apo-kalyptische Dinge geschehen
so rundum,
und wieder raus in die Landschaft die so ganz nach
Science-Fiction – –
absolut
englischer Garten laub raschelt, apo-kalyptischer Herbst,
etc. und barfusz geht FINSTERLING, bahnt sich
FINSTERLING unser FINSTERLING – – nämlich:
da alles zusammengeschrumpft sozusagen, na Sie wissen
schon... ABC Bombe etc., ist London dasselbe wie Wien
und Wien dasselbe wie Hongkong und so weiter,
absolut
und so geht FINSTERLING durchs hüfthohe (denken Sie
jetzt an Karin!) Unterholz, Gras, Laub etc., englischer
Garten, Prater Auen, Bäume Baum Ruine und Strunk,
BONANZA nebel & legion –
eben fällt die 29. Klappe
FINSTERLING unser FINSTERLING oder UNSTERN

betritt oder durchschreitet das hüfthohe –
betritt oder durchschreitet die hüfthohe –
(Sie denken an Karin? aber bitte noch Geduld)
FINSTERLING schreitet fort und kaut :
: BONANZA!
was dasselbe ist wie Phantasie –
das braucht er dann auch um Karin, die gleich auftritt,
in dieser Situation –
absolut –
irgendwas Nettes sagen zu können
da! schon erscheint das weibliche Element
nämlich Karin im roten Paletot Kutschermantel etc.
fein!
apo-kalyptisch!
auch sie kaut BONANZA (um auch ihm etwas Nettes, s. o.)
ja, also Karin im roten Paletot Kutschermantel etc.
kommt rein, BONANZA im Maul,
betritt die, durchschreitet die, Landschaft
Sie wissen ja Laub Unterholz Baum, Ruine etc.
üblich bemalt wie das so schwarz, Kaltnadel –
und nun, während die 29. Klappe fällt,
pendelt sich FINSTERLING ein,
absolut
wie 'n UNSTERN über Wien, London, Shanghai
und sieht sie an die Karin, wie sie da so kommt
in ihrem roten .. – na
Sie wissen ja,
auf 1 Bein, auf 1 Bein
das andere hochgezogen
und sagt INDEED SIE SEHEN HEUTE SO –
absolut
vorzüglich vorteilhaft vorzüglich
aus, wie 'n chinesisches Klavier!
also, Sie müssen sich denken Wien und London
und Hongkong (China etc)
die sind alle so ganz

zusammengerückt,
absolut
wie man so sagt apo-kalyptisch, und die Distanzen sind minimal,
so dasz ohne weiteres im
Museum des zwanzigsten Jahrhunderts
die Türken im Türkensitz –
und bechern und so –
29. Klappe –
und wie die Karin so reinkommt in die Landschaft und auf den FINSTERLING zu, der kaut BONANZA wie gewöhnlich, wie man so sagt, und sie treten zusammen in den *Saloon* – hatten wir das nicht schon mal wo??)
und gehn zusammen an die Morgenarbeit – na, Sie wissen schon
absolut –
wird ihnen der Boden zu heisz
BONANZA!
wie bei der Kavallerie
auf 1 Bein
das andere hochgezogen
..
... und zum schlusz
...
......
.

(Fusznote: »... gingen sie hops.«)

Friederike Mayröcker

Die meine Arbeit begleitenden Theorien und Ansichten befinden sich in einem Zustand permanenter Bewegung, die zwar ihr Tempo ändert, sich aber an keinem Punkt fixieren läszt, weil dadurch die Arbeit selbst abreiszen würde. Was ich jetzt zu meiner Arbeit sage, könnte nur eine Aussage über einen fiktiven Fixpunkt sein und müszte womöglich morgen widerrufen werden. Freilich erscheinen solche Fixpunkte mir beinahe ebenso oft, als ich Arbeiten zu Ende führe. Ich kann mich daran erfreuen, wie diese Punkte, in einer Reihe gesehen, einander widersprechen, ein Durcheinander von Stimmen ergeben, und nie einen Chor. Hier liesze sich vielleicht aussortieren, ein Querschnitt versuchen, – aber was würde dieses Wissen mir, d.h. meiner Arbeit, eintragen, und wäre es ein Wissen? Mich selbst befragend, welcher Art das sei, was ich mache, kommen mir Antworten wie : TRAUM / aber aus BETON; SCHMETTERLING / aber aus EISEN (»Iron Butterfly«); LEBEWESEN / aber aus PLASTIK. Immerfort kommen und gehen Theorien zur eigenen Arbeit, als Teil des Arbeitsprozesses, aber nicht als Aussagen über die Texte, diesen zusätzlich Gewicht zu verleihen. Natürlich gibt es Phasen, in meiner Arbeit wie im Leben, und erst wenn eine Phase vorbei ist, kann eine neue beginnen; so gab es die Jahre der »langen Gedichte« und so gibt es seit Monaten die Zeit der Texte für ein imaginäres Theater; darin werden, ähnlich wie in der Totalmusik der »Mothers of Invention«, Formen zitiert und gleichzeitig ad absurdum geführt.

(verfaszt am 31. 1. 1970, zur Zeit der Entstehung des Buches »Arie auf tönernen Füszen. Metaphysisches Theater«).

ELFRIEDE JELINEK

Bild und Frau

Das Bild der Frau bringt Gehalt ein. Ihr Auftritt Frau. Die Natur ist das Bild. Das Bild von der Frau besteht lange. Das Innere der Natur verkörpert in der Frau. Der Körper der Frau geht ins Innere. Der Körper und die Frau gehen zusammen in die Natur. Keine Frau mehr. Die Natur drängt es zu Bildern. Ein Bild ist nicht jede Frau. Alltäglich ist die Natur nie. Geh halt Frau. Die Natur kennt den Abhang. Die Frau vermag. Insgesamt besteht Natur in Frau fort. Fort mit dem Bild. Ein wahrer Abhang ist der Körper der Frau. Abhängige Naturen gehen von der Frau fort. Mitgehen Frau. Von Natur wird der Körper der Frau zusammengehalten. Innen ist es kleiner. Von der Straße macht sich ein anderes Bild. Das All ist Straßenbild geworden. Die Frau vermag Körperliches. Vermögen bildet Abhängigkeiten. Die Frau stellt ihren Körper. Bitte Gehalt darbringen. Zusammennatur. Nicht jeder Abhang muß fort. Große Natur. Das Bild muß ins Innere. Körpergröße. Die Frau muß ab. Trennen Sie den Körper vom Land. Der Vollzug tagt. Alle Tage Frauen. Ganz groß. Natürlich ein Bild vom Gehalt. Fort die Frau. Ab Trennung natürlich körpern. Das Bild ist blaß. Frauen erhalten Tritte. Zusammenhalt im All. Natur von innen. Abhängig von Bildern. Kein Gehalt in Natur. Körper an Land. Kleine Frau. Naturvollzug. Alltägliche Länder. Der Tag macht das Bild. Es geht bei der Frau trennend nach innen. Ein Bild der Frau. Her Natur. Fort Frau.

ELFRIEDE JELINEK

Begierde & Fahrerlaubnis

(eine Pornographie)
Erster Text von vielen ähnlichen

Welche Herrenlose spricht zu Ihnen wie sie Ihnen folgt.

Seit längerem allgemein verlacht, werfe ich mich, ein akkurat an den Brustfalten abgenähter Überzug (Inhalt), in meine (Form), die beste, in welche die Bestehenden, diese Behenden, mich hineinlassen. Wo treffe ich Sie Wunder, meine Bedingung lautete, daß Sie heute endlich wie eine Skulptur zu formen sein müßten. Sagen Sie mir doch wo! Was treibt mich übrigens zu solchen Handgriffen? Es ist mein Wunsch nach Ihnen, der mich als Teilnehmerin an seinem alljährlich stattfindenden Spottfest (Sport?) wünscht. Jetzt gehts los, ich atme vor dem Spiegel, diesem wässrigen Märtyrer, der mir Sie, mein Gegenüber, recht brav ersetzt: Seien Sie wenigstens eine Vorstellung von mir, mein liebster Partner fürs Fest, wenn sie alle zu singen meinen, dann sinke auch ich. Lassen Sie sich bewirten, dann lasse ich mich auch gern bewirtschaften. Ich bin Luft, unentbehrlich zwar, aber noch verdiene ich die Bezeichnung Gegenstand nicht. Es geht mir dementsprechend gut, erkläre ich Ihnen hier vor meiner liebsten Zunge, der Kunst (vormals Hansi, der Käufer). Die Kunst verbannt mich sofort ins Abseits gegenseitiger geschlechtlicher Abneigung (bzw. Aneignung), wo sind Sie, ich hingegen bin alt. Trotzdem müssen Sie sich mit mir zufriedengeben. Ich trete Ihnen jetzt bei, lege mich Ihnen zur Seite. Schicken Sie mir den Zahlschein! Ein Auditorium wartet in Ihrer Gestalt hinter Flügeltüren auf meine komplizierten Wünsche (eine einzige Wursterei, eine Wüstenei) die Sie mir, eingespannt ins Ungewisse meiner Erwartungen, heute, da nun einmal Geburtstag für uns alle ist, zu erfüllen versprechen. Was hat die Frau nur an sich, daß die Bekanntschaft mit ihr ihren Gebrauch so gar nicht zu ersetzen vermag, umgekehrt zum Auto? Von unten dringen Straßengeräusche zur Warnung herauf, wir bleiben hier innen, der Berg ist so glatt, daß man Steinhaken anbringen müßte um voranzukommen. Ich befinde mich auf einer Reise, das Ticket ist mir schon verabfolgt worden. Ich bin illusionsfrei, was meine Vorzüge betrifft, was sind die schon im Vergleich zur Schuljugend, die immer zu vielen auftritt. Eine allein wäre ja nur vorübergehend. Ich gehe bis zum Präsidenten in die Ersatzzentrale, an die Schallhebel meiner Gier. Denken Sie sich das, so selbstbewußt müßte eine Frau erst noch werden! Wer wenn nicht ich hat eine schreiende Waffe unterhalb des Taillenbands an sich festgenagelt? Kein Wunder, daß sie alle auseinanderstieben, diejenigen, die eigentlich zu allererst auf meine Annonce geantwortet hatten. Ich liebe Sie mehr als alles (ich meine mehr als mich selbst, die ich mir alles bin). Geben Sie mir meine Gußform zurück, dann gebe ich Ihnen meine Antwort: lassen Sie mich nicht herab fallen! Dies ist die einzige Republik, die mir möglich wäre (Replik?). Ich begeistere Sie. Sie sehen hier meinen entmutigten Annäherungsversuch, was habe ich schon zu bieten, ich setze mich Ihren Blicken aus, mein sehr geehrter Fremder, den mein Urteil nicht zu beschäftigen scheint. Jetzt schaue ich mir einmal an, was die Menschen an mir interessiert, obwohl es an mir doch festgewachsen ist wie ein blasser Gedanke, sie könnens nicht nach Haus mitnehmen. Aber auch ich kann es nicht kaufen, denn ich habe es schon. Nehmen daher Sie mich in Kauf! Entsetzlich. Ich schlage Ihnen ins Gesicht, will mir aber nicht vorgreifen. Ich will über meine Ufer treten in sagen wir einer halben Stunde von jetzt an. Ihre Körperfunktionen scheinen stündlich abzunehmen. Ich will mich überwinden, das heißt, nicht einmal der Wind könnte mich jetzt noch aufhalten in meinem dumm seligen Wunsch, daß mir dieses Scharnier der Leidenschaft doch so gut stehen möge wie ich im Geschäft ursprünglich dachte. Sie könnten es mißverstehen über der trügerischen Sicherheit meiner Brustwarzen. Nie wollen Sie wissen, was unter mir ist (und allein Ihnen gilt): Die Unvollkommenheit meiner Ausbildung in dieser Hotelfachschule voller dumpfer Köche. Gesundheit! Wo ist meine Leinenschnur, wo ist meine Peitsche, wo sind mein Stock und Stein, damit ich sie alle in Ihren zerbruchsicheren Joghurtbecher tauchen kann. Aber erst kommt was schön ist und schön macht. Bin ich zuwenig, können auch dreißig deutliche deutsche Schläge pro Minute nichts dran ändern, daß ich Ihren Rücken und meine Handgelenke enttäuschen muß. Unsere Sekrete vertragen sich nicht miteinander schade aber ich muß hart arbeiten, um Ihnen eine Form von Bewunderung abzuringen, wie es einer Fontäne geschehen könnte, die außer sich gerät. Ich bin in die Welt verstoßen und wozu, um ausgerechnet zu Ihrer Sitzecke, Ihrem Couchtisch vorzustoßen. Mit so wenigen Jahren bereits gehen Sie nicht mehr ganz auf Ihren kleinen Taschenspiegel drauf. Vor Ihrer Tür liegt merkwürdigerweise Laub. Wo ist der dazugehörige Baum? Mein Gott, wie alt ich bin. Ich bin nichts mehr, nicht einmal eine Gewohnheit in neuer Gestalt, mit Blättern wie diesen notdürftig als Dichterin verkleidet, mir selbst verleidet. Meine Tasche ist voll wie ein Osterei mit klapprigen Requisiten, die zu gebrauchen ich schon nicht mehr wage. Fein ist mein Kopf ausgestattet schauen Sie nur hauptsächlich mit ins Eklige getunkten Schokoladekeksen, so dauerhaft haben sie mich an die Tür genagelt. Es bestürzt mir die Schädeldecke, erinnere ich mich an Ihren herrlichen Körper oder wie man es nennt was an Ihnen so hängt wie ich (ebenfalls an Ihnen). Erst vor kurzem sind Sie freigelassen worden, aber nicht zu mir heraus ans Gestade des Flusses, in den ich bis zur Hüfte einsinke, tiefer ist er leider nicht. Auch eine Pistole habe ich in Besitz: ausgestattet wie die ganze menschl. Gesellschaft. Sie sind ja alles, was Ihr bestürzend agiles (jedoch nicht mir nicht mir geltendes) Organ ins öffentl. Gespräch bringen könnte, das gefällt Ihnen wohl. Hervorragend jung und kräftig sein! Ich, eine inzwischen Ausgewachsene, bete Sie an, ich wirke lächerlich dabei, was ich längst gewohnt bin. Das Reptil unter meinem Gürtel liebkost sich tapfer selbst, dieser angehende Doktorand im ersten Abschnitt seines Wahns. Ich sage es Ihnen jetzt mit meinen eigenen Worten, die mir nicht zu schade dafür sind: Bleiben Sie im Hinblick auf mich sachlich! Oder schauen Sie halt gar nicht hin! Strecken Sie die Hand nach meinem aus Ihrer Wirklichkeit verbannten Tortenstück (dieses Teilchen bitte aus gutem Willen fürs Ganze nehmen) aus! Es kommt dann mit der Post zurück. Ich seh schon, das wollen Sie auch wieder nicht. Das Rückporto ist Ihnen wohl zuviel. Was bin ich denn schon, am Abhang ausgerutscht, das kommt meine Knochen hart an, sehen Sie, mein Gebein kommt derzeit am Bahnsteig gegenüber an, hab ichs nicht gesagt. Nichts ist so hart wie es (ursprünglich als Ei) gekocht wurde. Niemand ist wie Sie. Geben Sie sich selbst darauf eine Antwort, indem Sie mich in Ihren gutmütigen Verkehr mit einbeziehen. Ich bin ein ernstes Ziel. Was sagen Sie zu mir, Sie Außenkorrespondent des Fleisches? Es geht, aber es kommt immer wieder zu Ihnen zurück. Wie der Luxus der Gefühle. Sie sagen nichts? Ich bin eine Redaktion, die Sie mühelos vervielfältigen könnte, Sie und Ihr Bilderl mit dazu herzlichen Größen. Ich will in die Luft ausweichen, der Kommissar meiner Lust (er vertritt sie interim) ist eben vorbeigekommen und läßt mich ausgerechnet seinen Kugelschreiber noch einmal beschreiben: Das Mittel ist noch nicht gleichzusetzen mit dem Ergebnis, so gehts mir immer. Sehen Sie, und meine Lust hat noch weniger Sinn. Sie hat die Stirn, bei mir anzuklingeln. Ich will endlich zu Ihnen, Sie Verhinderer meiner Ideen! Warum geht das denn nicht? Ich habe einen scharfen Anspruch auf Sie, wie Sie da im Schnee hocken, soll das heißen, unsere Zeit sei gleichzeitig ihre eigene Beschränktheit, also überaus beansprucht von Leuten, die ich nicht kenne? Unmöglich. Ich würde leiden unter Ihrer Geschmacklosigkeit. Ich würde auf Ihrem Klo Pflanze werden! Überflüssig, doch klein und transportabel. Ich beachte Ihr Fleisch jetzt einmal nicht, obwohl es später unter meinen Fingern Zahlungsmittel werden soll. Geben Sie mir wenigstens meine grad heimlich aus dem Fenster kriechende große Sprache ins Kleingeld zurück! So halten Sie sie doch fest! Und auch dieses Dings diesen Schurz diesen Schutz, den Sie, anstatt mich zu schützen, über diesen Vorsprung hängen, den Ihr Kleiderstoff vor mir hat. So hat es der Gottes Sohn, der Grottenolm (immer im Finstern mit Geröll schmeißen!) auch gemacht und ist doch dem Papa unter den Füßen weggestorben. Ich entdecke

unter diesem Vortuch noch weitere Schichten, die ich ohne Übermut abkratze. Können Sie ein Gefühl nicht einmal der Möglichkeit nach in Betracht ziehen, so betrachten Sie bitte dieses Werk, das sich verneigt, verleugnet: mich! Bluten Sie? Ich grabe einen Kanal, was über Entdeckungslust nun wirklich weit hinausgeht. Ich strahle, lebendig gemacht, vor Ihrem was ist es eigentlich ich glaube trockenes Seegras. Hügel vor der Stadt, auf denen Beeren gewachsen sind. Munter traben die Fahrzeuge über die Straßen. Ich könnte sie senkrecht in die Höh stehen lassen wie mein Haar vor Entsetzen, so schreit es aus meiner Stimme hervor, nach Ihnen, später wird es veröffentlicht werden. Auf, gegen die Naturgesetze! Auf gehts!
Spielen Sie nicht mit meinem Körper herum, sonst entwischt er Ihnen in überraschend vielschrötiger Gestalt. Entweder Sie sind mein vom Schlafen geschwächter Vor Mund oder eine andere vage Möglichkeit, mein Herr, mein wütendes Heer, wie man Sie im Umgangs- im Fronleichnamssprachgebrauch nennt. Weiße Mäderl mit Kränzen sind Ihnen serviert. So, jetzt versage ich, existiere aber dennoch, mein Ehrenwort. Ich bin süchtig, das ist mein Ausdrucksmittel. Fahren wir jetzt weg! Ich male mir meine Habe ins Gesicht, (mahle mir fünfundzwanzig weitere Jahre, die ich Ihnen unterlegen bin, als Mehl von der Haut), genau diese Zeitspanne bin ich mir zuviel und Ihnen zuwenig. Und was erreiche ich damit, Gelächter, wodurch die Leute sich entfalten können. Sie sind mir ein schönes Requisit der Unendlichkeit, unwiderstehlich tritt mein Bedürfnis Ihnen zur Seite. Merken Sie nicht, daß Sie schon Zwang auf mich ausüben, wenn Sie nur vier Stockwerke unter mir auf meine Klingel drücken? Nur dieser Trieb hält mich noch auf den Beinen, daß die Zeit hinreichen möge, mich über Sie hinwegzusetzen, ja ja, die Zeit, die soll mir den Freundschaftsdienst tun, mich endloses Taschentuch bis zum Ende aus Ihrem Sackerl zu ziehen. Sie können gern in mich hinein kotzen, wenn Sie müssen. Was ich über meinen Kraftfahrtrieb noch sagen wollte: vor Ihnen, meiner Nahrung, werde ich gleich schamlos aus der Untasse tröpfeln. Ich bin lebendig. Ich bin liebend. Außer mir bleibt nichts. Innerhalb von mir gibt es

einmal Sie. Jetzt habe ich eine Klinge gefunden, die Sie verhöhnt. Scheu macht sie vor Ihrer Kleidung halt, dreht, wendet sich gegen mich. Dieses Messer, dieser Assistent meines Dutzends von Bescheiden (so weit gehen Sie in Ihrer Bescheidenheit), alle abschlägig, wird mich noch zum Brüllen bringen vor eines Menschen Haus. Drehn wir das Gas herbei! Etwas muß uns ja antreiben können, wenn die Frau nicht mehr schön ist und auch kein Föhn weht. Komm nur, Freunderl! Und richtig, da kommt es. Konkret: Sie haben Ihren Anschein selbst verschuldet, und jetzt schulden Sie sich mir. Ich bin Ihnen ausgesetzt wie ein Kalb seinen Stricken. Die Ewigkeit droht uns allen, aber ein Stündchen mit Ihnen ist nicht drin. Das ist paradox. Ihre Zunge kann überraschende Formen annehmen, im Grunde ist sogar sie mir heilig. Nicht jeder kann zwischen Schlafen und Erwachen so gut mit sich umgehn. Seit drei Monaten versuche ich, mit Ihnen und dem Universum gut Freund zu werden. Eigentlich wäre ich für eine hörende (hörige) Seinsform bestimmt, glaube ich, doch dann treffen mich diese unerfahrenen Funken aus Ihrem Mund (Sie können halt nicht anders). Erwählen Sie mich! Nein, hinter Ihnen steckt etwas ganz anderes. Meiner Tradition folgend, bilde ich mit meinem ganzen kalten Buffet diese mannigfaltige Gesteinsformation, die Sie zu Ihren Füßen hier sehen ja hier, man nennt sie Gestirn. Abwechslung: Ich kreise in großer und hoffentlich sicherer Höhe über Ihnen, ein Ausflug aus meinem Heer in Ihr Herz wäre vielleicht für die Zeit nach meinem Tod zu überlegen. Mein Ausgang ist derzeit erkrankt, das gleiche gilt für den Klang Ihrer Gedanken. Wie entsetzlich sich der Mensch im Augenblick der Leidenschaft, gekrallt in ein Stück trostlos trokkenen Weißbrots, verändern kann! Ich erkenne Sie nicht wieder. Ja, mir scheint, ich habe Sie nie gekannt in Ihrer zu engen Berufsbezeichnung eines trägen Dieners der immer anderen. Warum haben Sie mich von mir getrennt, vielleicht hätten Sie ja uns beide gebrauchen können. In Erwartung Ihrer Entscheidung begebe ich mich auf eine Klippe, daß wir uns jetzt nicht mißverstehen, ich meine diesen kleinen Vorwurf, den ich dem nie gebärenden Gebälk meines Leibes machen muß, oder wie würden Sie es nennen. Da soll sich einer auskennen. Dieses Ziel, das Sie darstellen! Warum hören Sie nicht auf mich, ich hab da was für Sie! Bin ich nicht eigens für Sie so eigensinnig geschaffen? Und so einseitig (mich gibt es nur von vorn). Zu der Pflugschar, der Prüflingsschar der Menschen zähle ich. Ich habe viel Humor, das kommt Ihnen, glaube ich, ein wenig entgegen. Planen Sie Ihren Aufenthalt in der Sommerfrische bei mir, dem Allmächtigen, jetzt, da es noch billig ist, weil der Strom der Traktoren, die immer nur ziehen dürfen, noch nicht eingesetzt hat. Knien Sie vor mir, aber geben Sie Ihre kleine Münze nicht ausgerechnet für mich aus. Legen Sie mir den lieben Kopf, den Sie da haben, unter den Fuß, aber seien Sie grob, wenn die Öffentlichkeit wiederhergestellt ist, diese Rekonvaleszentin, die einfach von nichts zu heilen ist. Beachten Sie mich nicht! Und dabei hänge ich an Ihnen wie die Frau an Ihrer (ihrer) Garderobe. Wir haben zusammengefunden, und schon stellt sich die Frage nach dem Sein und dem Sinn (ich bin nämlich Fachlehrerin). Ich binde Sie ungeschickt zu einem Bündel Versprechungen zusammen, aber Sie dringen sofort, dünn wie die Askese Sie nun einmal geschliffen hat, wie Wasser aus den Fäden hervor. Sie sind nichts für mich, wie Sie sich neulich geäußert haben. Ich hingegen will mich nach Frauenart entäußern. Schauen Sie nicht jedem Frauenarsch nach! Für morgen haben wir endlich ein Treffen vereinbart, zu dem ich in meinen Notnagelschuhen gehen werde, denn ich bin gerne von den Bodenverhältnissen abhängig. Zeitweise halte ich mich im Ausland auf. Aber wenn Sie mir nachströmten ... wie schön wäre das, weil ich lange drauf warten könnte. Fortwährend Ihre Nutzlast zu tragen ist nicht ganz so angenehm wie ich es mir geschildert hatte. Die Tür geht auf. Eine Vitamintablette springt zischend an. Sie stürzen mir, ein weißer Strahl, in hohem Bogen entgegen, Urin, den Arm nach der Fessel meiner Existenz ausstreckend. Die Handgelenke knirschen Ihnen. Mir unbegreifliche Einzelheiten dringen aus Ihrem Mund. In diesem Zustand wollen Sie mit mir etwas derart Fadenscheiniges wie die hl. Kommunion einnehmen, so nennen wir einmal das Glas, das wir heute, nach vielen Bitten meinerseits, miteinander ganz konkret hinter unsere blutigen Binden gießen. Das kann doch nicht Ihr Ernst sein! Nein, wie groß der geworden ist! Nicht jeder hat die Wahl wie ich. Ich befinde mich in der Welt direkt unter Ihren Hufen. Paßt Ihnen das Eisen? Fortan bin ich für Sie bestimmt, so lautet das Programm unserer Feindschaft. Und da gibts noch immer welche, und zwar über der Wirklichkeit und ihren Objekten schwebend, die sprechen nicht einmal in einer Buschenschank ein einziges Wort, diese Burschen, die weder Mann noch Sprache sind. Machen Sie ein Experiment mit mir, wie ich vorhin schon sagte. Werden Sie ein offener Brief an die Ungeborgenen! Aber mir schreiben Sie nicht. Sie lieben mich immer noch nicht? Ich gehe über den Bahndamm, das könnte leicht mein Tod sein, erst letzte Woche ist hier ein Hund überfahren worden. Ich liebe Sie jetzt schon länger als Sie zu mir gewesen sind. Hurra!

Sie vergiften das Klima in unserem irrsinnigen Raum, in dem Sie über dem Bett hängen als ikonischer Kontrast zum Spannteppich. Komisch. Bleiben Sie mir halt fern! Ich ziehe eine Furche durch die Erde. Einmal habe ich Erfahrungen machen können. Sie sind ein Witz, aber in der Leidenschaft greift man nach jedem Strohhalm, damit wenigstens etwas Papier über der Milch zerreißt. Sie atmen in einer bestimmten Technik, ist mir aufgefallen, die man aus der Unterwasserforschung gewöhnt ist. Sie machen dabei ein anderes Erlebnis wett: mich. Mehr ist es nicht. Ich mache vom Angebot der allg. Begrenztzeit (Brunstzeit) der Frau Gebrauch: Tötung des irgendwo in der Nachbarschaft blind Geborenen, das, flüchtig wie ein Gefühl, über die Weltfläche marschiert. Ich will wirksam sein. Es verblüfft mich immer wieder, daß Sie mich nicht einmal zu sehen scheinen in der Manege dort, wo ich in meinen eigenen Fußstapfen stehe, zögernd wie die Gründung eines Vereins nun einmal vor sich geht. Schwerelos wie ein Streit in einem Saal voller Tische und unbesessener Stühle. Bilden Sie mich aus, ich will Sie sein. Ich übergebe mich Ihnen und will mit Ihnen tauschen. Ich händige mich in Sie ein. Das ist keine gute Erfahrung können Sie mir glauben. Ich beendige meine umständliche Verstandestätigkeit, ich bin das gewesen, was die Denker (wie Sie einer sind) und ihre blöden Ideen für das Abendkleid des Abendlandes gewesen sind, eine Ladung dem Berg entrissene Butter. Ists deswegen hier so kalt? Ohne Benzin geht der Fleck aus Ihrem Erholzungskleid nicht wieder heraus. Doch dann läuft das Gefährt über die eigensinnigen Wege der Vernunft. Nur keine Wärme vergeuden, sonst wird, was war, lebendig und geht fort wie Sie es ja auch sind! Was ich möchte: endlich erwachen aus Ihrem Traum. Schon krieg ich eine aufs Dach, daß es mich entfacht. Aber ich war drauf gefaßt, Kriegerin und kikeriki: lächerlich, wenn auch gezwungenermaßen. Sie brauchen es mir nur zu melden, wenn Ihnen dieser Prozeß zur Herstellung einer Dose nicht paßt! Ich gehe jetzt fort, aber nur, um wieder einmal zu früh zu erscheinen, bzw. auf mein Privileg als Frau zu verzichten. Wie das Beispiel des Denkens uns lehrt, kann man in die Wabe (Woge?) der Liebe tropfen oder sich am Begriff des Absoluten zum Vorturner schulen lassen. Bei meinem Pech gewiß das letztere. Ich beginne jetzt mit der Übung. Ich übe Sie jetzt aus, fangen wir an mit unserer Last! Vergegenwärtigen wir uns folgenden ärgerlichen Gedanken: weniger sein!, gekrampft in den Irrsinn der sogen. Begierde, die man sich vorzustellen hat als einen Kübel Jauche, in dem ausgerechnet der Alkohol (heimatlos wie wir) zu toben versucht. Sie sind ab sofort verhaftet. Sie hemmen meine Entwicklung, als wären Sie ein Gesetz. Lehnen Sie mich endlich richtig ab, wie es sich gehört. Meine Attribute beleben sich langsam, an ihnen erkennen Sie meinen Rang als Technikerin des Nichts. Und genau soviel gelte ich Ihnen auch. Befreien Sie mich, aber nicht sich aus Ihrer Giganten Hand, damit ich Ihnen die Mutter die Amme eine Forst Beamtin kurz ALLES werden kann was noch nicht ist. Hören Sie!

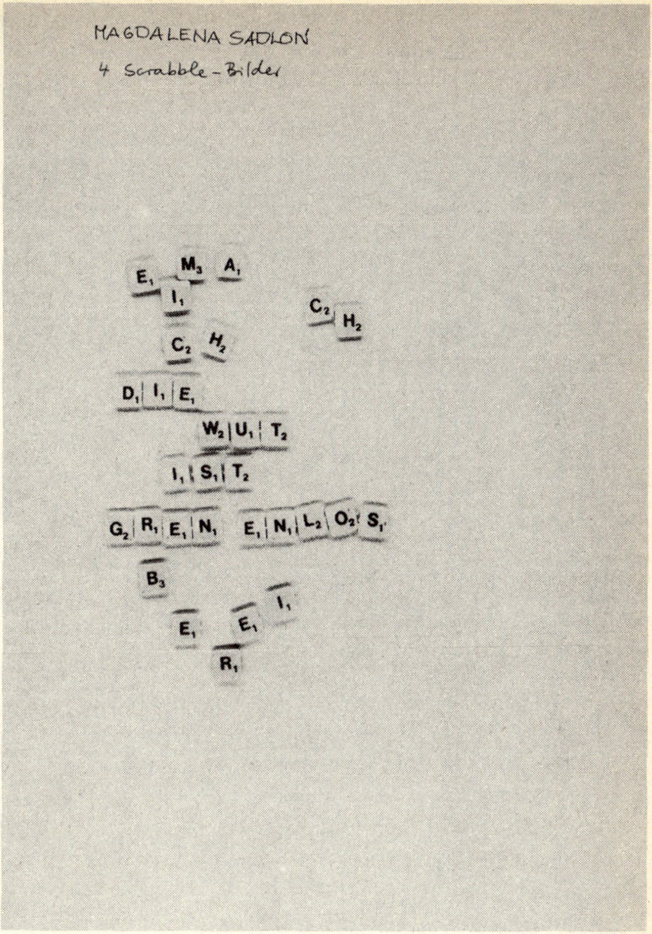
MAGDALENA SADLON
4 Scrabble-Bilder
E M A
I
C H
C H
D I E
W U T
I S T
G R E N E N L O S
B
E E I
R

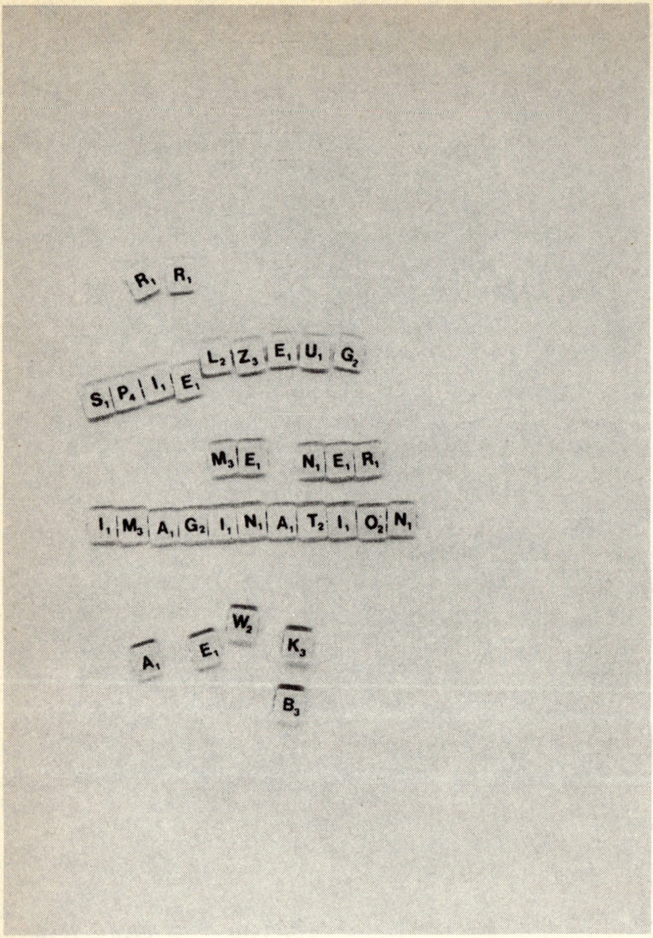
R R
SPIELZEUG
ME NER
IMAGINATION
A E W K
B

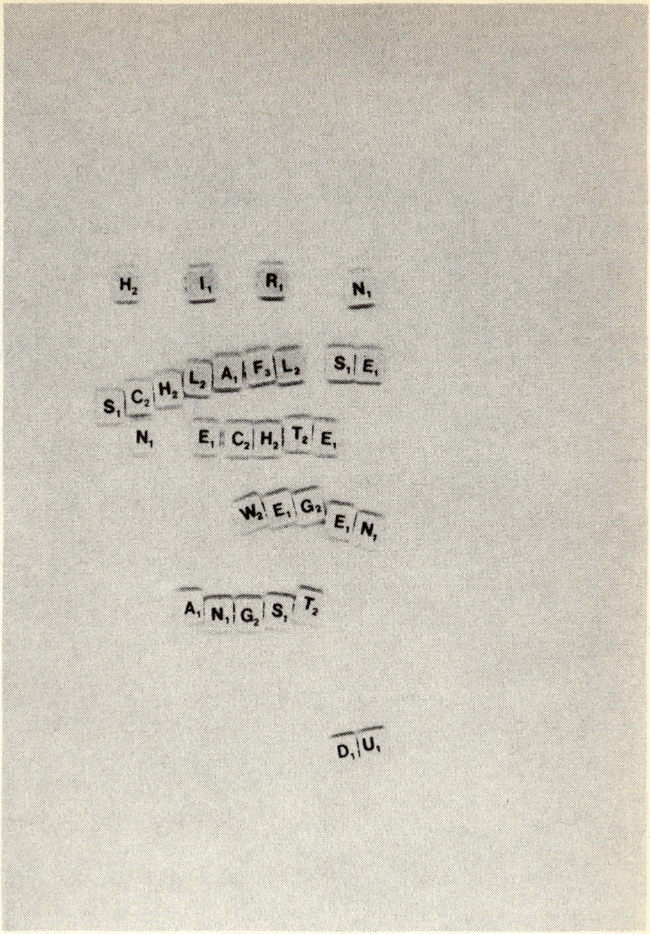
H I R N
SCHLAFL SE
N ECHTE
WEGEN
ANGST
DU

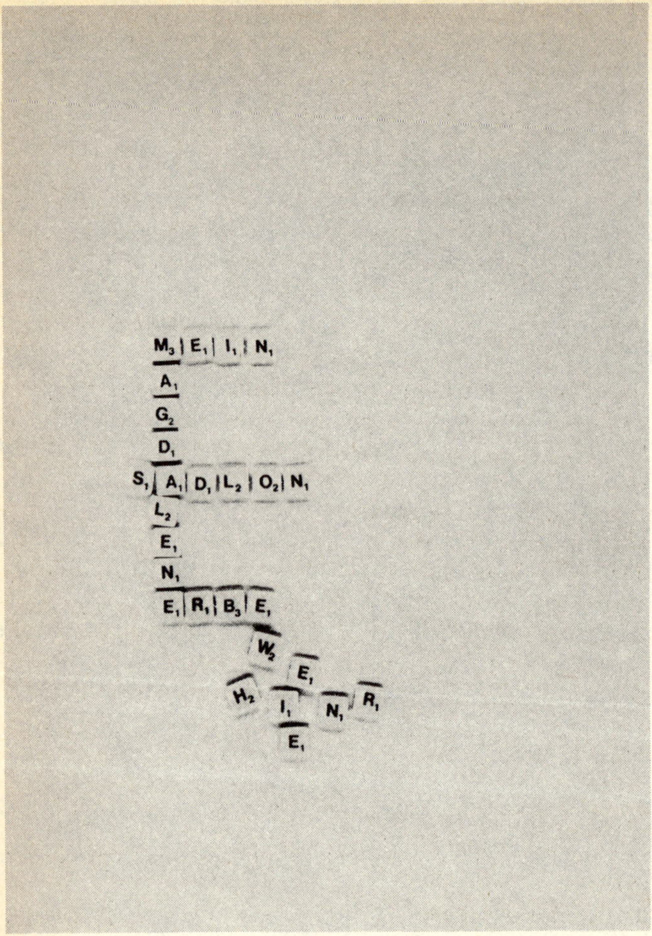
MEIN
A
G
D
SADLON
L
E
N
ERBE
W
E
H I N R
E

KATHARINA RIESE

Selbstportrait mit Taube

Prolog einer autobiographischen Parabel

Oben, am Treppenabsatz der Straßenbahn-Haltestelle erwartet mich eine Taube. Ich sehe sofort, daß sie es auf mich abgesehen hat. Mit tellergroßen Augen schaut sie zu mir herunter. Ich senke meinen Blick zu Boden und reihe mich hinter einem breiten Männerrücken ein. Nur nicht mehr hinschauen. Einziges Mittel. Ich hefte meinen Blick an das vor mir die Treppe hinaufsteigende Sakko und komme unangesprungen an der heiklen Passage der gleichen Höhe vorbei. Schon stehe ich am Bahnsteig im Freien. In sicherer Entfernung. Ich wage einen kurzen Blick zurück.

»Des Viecherl hot wos! Sunst darats net so dositzn!«

Eine alte Dame beugt sich fürsorglich zu der Taube hinunter, die nun bleiern ebenfalls ins Freie tapselt. Ich sehe gesträubten Auges ihre ausgemauserten Federn an Kopf und Hals, die Füße sind aschengrau. Die Taube ist alt und völlig benommen. Sie hält Kurs auf die Schienen. Ich ahne Entsetzliches.

Die junge Frau, die die alte Frau, die immer noch aufmerksam und mitleidig hinter der Taube hergeht, unterhakend stützt, erheitert mich:

(zur Taube) »Herst, i schick dan Burli, der draht da glei den Krogn um!«

Ihre offene Feindseligkeit gegen morbiden Heroismus gefällt mir.

Ich sehe den unendlich zarten Jump, mit dem sich die Taube vom Bahnsteig auf den Bahndamm fallen läßt. Kein Gewicht. Schon vom ersten Anblick hatte ich gewußt, daß diese Taube über sich hinauswachsen würde, nur konnte ich die Richtung noch nicht bestimmen. Nun wurde sie mir langsam sehr deutlich.

Beide, die alte und die junge Frau, begannen lebhaft in die Hände zu klatschen, denn die Taube hatte sich nunmehr auf die Schiene

»gelegt« und die Straßenbahn fuhr in die Haltestelle ein. Mit Hilfe einer brutalen Streusandbremsung kam die Straßenbahn knapp vor der Selbstmörderin zum Stehen. Ich stieg in die Tram ein mit dem merkwürdigen Gefühl, absolute Expertin für solche Fälle zu sein; eine Expertin allerdings, die, von unüberwindlicher Abneigung gegenüber ihrem einstigen Metier erfüllt, sich weigert, einzugreifen. Ich hätte den beiden Klatscherinnen gleich sagen können, daß sie umsonst klatschen, daß wir es hier mit einer Form exhibitionistischer Entschlossenheit zu tun haben, die nichts mehr hört und spürt und sieht; die als alte Wiener Taube genau weiß, was eine Straßenbahnschiene ist und so geil auf Menschen, daß sie auf Publikumseffekte selbst beim Sterben nicht zu verzichten bereit ist.

Und natürlich hat sie mit dieser grausamen Nummer auf mich als ihr kongeniales Medium gewartet. Kaum war ich in ihrem vor sich hin dämmernden Tragödientalent aufgetaucht, hatte sie den Showdown begonnen. Artig saß ich in der Straßenbahn, mischte mich nicht ein und sah am Mienenspiel der zusammengelaufenen Kinder draußen (woher die plötzlich gekommen waren?) den Fortgang des Finales. Der Fahrer leistete gegen seine Rolle als Taubenmörder Widerstand und fuhr als letzte Warnung kurz an und blieb wieder stehen, um seine Tierliebe öffentlich unter Beweis zu stellen. Die in der Straßenbahn vor sich hin dösenden Fahrgäste hatten natürlich keine Ahnung, worüber sie gleich fahren würden. Nur die alte Dame stand knapp hinter dem Fahrer und sah über seine Schulter. Beide hatten jedoch die Taube aus dem Blickfeld verloren. Nach einigen Sekunden fuhr die Straßenbahn endgültig aus der Station hinaus, die Kinder zerrten die Mundwinkel nach unten und gaben sich andächtig dem Anblick des Unglaublichen hin.

Dieses Gerede, daß die Tauben in den Städten leben, weil sie ursprünglich Felsbewohner sind und den Kalk brauchen, geht völlig am Kern der Sache vorbei. Die Tauben sind rettungslos, selbstmörderisch menschengeil. Das ist es.

Am nächsten Morgen ging ich im Belvedere spazieren und dachte an die gestrige Taube und daß ich, ich habe ja im ersten

Wagen gesessen, mir keine Gewißheit verschafft hatte, ob sie nicht doch noch irgendwie ausgewichen war.
Plötzlich wollte ich es genau wissen und entschloß mich, sollte mich wieder eine Taube (wer nicht hören will, muß fühlen) fixieren, voll zurückzufixieren: Sie sah mich an und ich blieb stehen und sah sie an. Ich hatte mir alles bloß eingebildet. Sie tippte ein paar mal mit dem Schnabel am Boden und der geheimnisvolle Doppelabgrund Taube-Mensch schien in Luft aufgelöst. Ich sah ihr zu und dachte mir, eine Taube ist eine Taube, und atmete tief durch. Sie sind eben ein bißchen schwerfällige Vögel. Das ist alles.
In der Zentralachse plaziert, vom Oberen in das Untere Belvedere hinunterschauend, sah ich den Wolken zu, wie sie sich in der Wasseroberfläche des mit Schlamm gefüllten Brunnens spiegelten. An dessen Rand war sie nun geflogen und blickte mit eben diesem Taubenblick zu mir herauf, von dem ich nie weiß, ist es eine Bitte oder eine Drohung. Im Herzen fühlte ich einen tiefen Stich, und als hätte ich sie mit einem Gummiband an mich gezogen, schnellte sie heran, direttissima auf meine Augen zu. Ich duckte mich reflexiv, und so landete sie gnädig einen Meter hinter mir. Schreien? Um Hilfe rufen? Zu spät. Tiefengelähmt erwartete ich ihre nächsten Aktionen. Sie begann lautstark zu gurren und schaukelte wie ein Wiegebrett vor mir auf und ab. Sie war sich meiner Panik sicher (der Geruch?, der Blick?, die wakkelige Aura?), und das machte sie ganz offensichtlich potent. Mit einem neckischen Aufwirbler landete sie auf meinen Schultern und begann meine Haare und mein Ohr zu schnäbeln. Keine rettende Ohnmacht war mir vergönnt. Ich versuchte meinen letzten Trick: So-zu-tun-als-wär-nichts. Mit großen Schritten strebte ich dem Ausgang zu. Abschalten. Ich versuchte, mich zu beruhigen und murmelte vor mich hin: »Es geht mir gut.« Als sie meine Strategie bemerkte, flüsterte sie in mein Ohr: »Ich liebe Dich.« Das merke ich, meine Gute oder mein Bester, je nachdem.
Die Touristengruppen im Belvedere hatten uns plötzlich im Visier und kamen mit vielen Ohs und Ihs näher. Sie fanden uns

entzückend: Franziska von Assisi mit ihrer Taube. Ein Bild von transzendenter Seligkeit. Verzweifelte aller Couleurs, all ihr Bekümmerten und Beladenen, kommt zu mir und gebt mir den Rest! Die mir offenbar zum Hals heraushängende wundertätige Kraft des Opfers zieht das Unglück an und verwandelt es in Potenz.

Die plötzliche Publicity (wir wandelten durch ein Spalier knipsender und schnappschießender Touristen) gab mir vorübergehend Kraft zu einer romantischen Akzeptanz: Wir werden zusammen leben, die Taube und ich, warum nicht? Wir werden Partner und gehen zusammen durch dick und dünn und halten uns die Treue, bis daß der Tod dem Ganzen ein Ende macht. Mein in Panik rasendes Herz riß mich aus der utopischen Seifenblase einer geglückten Partnerschaft. Ich werde Verstand annehmen, sie bis zu mir nach Hause tragen und dort den Tierschutzverein zu Hilfe rufen und fragen, was dieses Phänomen auf meiner Schulter zu bedeuten habe. Ich werde sie ganz sacht den öffentlichen Tierpflegeanstalten übergeben, die aus ihr eine normale Taube machen werden. Oder ich werde sie bei mir behalten und immer das Fenster offenlassen damit sie kommen und gehen kann, wie sie will, und wer weiß, vielleicht erscheint sie eines Tages mit dem ersehnten Ölzweig (was ist ein Ölzweig?) im Schnabel, mit dem Ölzeug und verkündet mit das Ende der Sintflut.

Entschlossen sperrte ich die Wohnungstür auf, schüttelte sie im vorderen Zimmer ab und sperrte die Tür zur Küche zu. Ihr gegen die Tür krachendes Gefieder machte es mir unmöglich, mich in irgendeiner Weise zu beruhigen. Ist das Fenster offen? Das Fenster muß offen sein. Sie muß hinausfliegen können. Also sperrte ich noch einmal auf, und sie warf sich, wie erwartet, erneut auf mich und verkrallte sich in meinen Schulterblättern. Ich hatte gerade eine lebendige Sekunde und sagte verhütend: »Tauben können nicht sprechen«, öffnete das Fenster und überwand meine Berührungsangst und ergriff sie – ich weiß nicht wie – jedenfalls mit beiden Händen und warf sie zum Fenster hinaus. Da sie keinen Halt hatte, flog sie auch tatsächlich davon, und während sie flatternd nach Eigenflug suchte, stürzte ich wieder zurück in die Küche, sperrte ab und errichtete hinter der Tür eine Barrikade: Tisch, Sessel, Bücher zum Beschweren, alles häufte ich tatkräftigst gegen die Tür. Ich hörte keinen Flügelschlag. Vielleicht hat sie von ihrem Abenteuer abgelassen? Erschöpft legte ich mich ins Bett. Die Panik war so groß gewesen, daß ich sofort wegschlief. Ich weiß nicht, wie viel später ich wieder erwachte. Es war noch immer heller Tag. Auswandern? Ich wandere aus. Im Geiste hatte ich ihr das vordere Zimmer schon abgetreten, ohne zu wissen, ob sie überhaupt zurückgekommen war. Sie verhungert. Vielleicht ist sie gleich zurückgekommen und ist wie lange weiß ich schon ohne Wasser. Wieviel Wasser braucht eine Taube am Tag? Was essen Tauben? Ich räume die Barrikade ab und öffne die Tür mit eiskalter Caritas. Keine Taube. Stille. Ich kann es nicht fassen. Sie hat freiwillig aufgegeben. Dafür bin ich ihr dankbar, dafür liebe ich sie. Wenn sie jetzt zurückkäme, heute, morgen, übermorgen – vielleicht würde noch alles wieder gut. Irgend etwas macht mich jedoch lauernd. Ich traue dem Frieden nicht.

Und da sehe ich schon einen grauen Federzipfel in der offenen Schreibtischlade. Sie ist da hineingekrochen und hat sich verklemmt. Mein Herz sagt deutlich: »Liegenlassen!« Laß sie da drinnen. Sie kann sich nicht bewegen. Geh jemanden holen, der dir beisteht. Es ist die Zweisamkeit, die tödlich ist. Drei Personen sind schon eine kleine Demokratie, da läßt es sich scherzen und argumentieren. Das Telefon! Der Paß? Ich nehme den Paß aus dem Schreibtisch, ich schleppe das Telefon in die Küche, und der Freiheitszuwachs wirkt. Der Kreislauf läuft wieder flotter. Ich kann sie doch nicht einfach da eingequetscht liegenlassen. Reiß dich zusammen. Rette sie, und anschließend sprichst du ein ernstes Wort mit ihr. Ich nähere mich der Schreibtischlade und sehe, daß sie sich bewegt. Vorsichtig, auf die zutreffendsten Vorwürfe gefaßt, greife ich in die Lade, und wieder – mit beiden Händen – angle ich sie aus der Klemme, ohne daß sie sich noch mehr verklemmt. Sie beißt mir sofort in die Finger, wütend und wild, und zappelnd steigt sie auf wie eine Fontäne und fällt am anderen Ende des Zimmers zu Boden. Vor Haß und Verachtung spuckend kreiselt und rudert sie dort gegen mich. Sie erfängt sich, steht kerzengerade auf beiden Beinen und stiert mich an, mit blutunterlaufenen Augen, bereit, auf mich loszugehen. Sie tut es auch. Ich schlage zurück. Im Zimmer wirbeln die Federn herum und gleiten langsam zu Boden. Ich schreie: »Sollten wir nicht doch miteinander reden.« Sie: »Ach was« und schlägt mir mit ihrem rechten Flügel voll aufs Auge. Ich bekam sie kurz zu fassen und schleuderte sie wie gehabt in Richtung Fenster, entwische und mache die Barrikade wieder dicht.

Ich muß mich sofort waschen. Schnaps. Nur Rum da. Das geht nicht. Ich habe keine Kraft mehr für die Brause und kann nur mehr die Hände unter fließendes Wasser hängen und dabei in den Spiegel schauen. Das soll ich sein? Ich kann ohne Schnaps nicht weinen. Vielleicht hat sie sich etwas gebrochen? Wie schient man einen gebrochenen Taubenflügel? Gipsen? – ich muß lachen. Ich bring sie um! Aber wie? Von drinnen kein Laut mehr. Sie spricht nicht mehr mit mir. Wahrscheinlich denkt sie sich irgend etwas aus. Wie bringt man Tauben um? Ich habe gesehen, wie Hühner geschlachtet werden: Den Körper zwischen den Knien, den Kopf hochziehen, damit der Hals lang wird und dann schneiden. Das kann ich nicht. Ich habe gesehen, wie kopflose Hühner in der Waschküche bis an die Deckenbalken geflattert sind. Es muß aber sein. Es gibt keine andere Lösung. Es gibt Menschen, fällt mir ein, die essen Tauben. Eine Taube im Rohr wäre besser als ein Dachschaden.

Ich versuche, meine Gedanken zu sammeln. Ich versuche, etwas zu denken. Da vorne, in meinem Zimmer, hinter der von mir verschlossenen Türe sitzt wahrscheinlich eine Taube. Daß da wahrscheinlich eine Taube sitzt, wo sie nicht hingehört, nämlich in einer Wohnung, meiner, ist weniger grotesk, als die Tatsache, daß ich mich vor ihr fürchte, mehr noch, daß ich vor Scham versinken möchte, daß ich diese vertrackte Situation selbst heraufbeschworen, ja, man kann sagen, mühsam herbeigeführt habe. Durchatmend sitze ich in der Küche und weiß: Es ist so weit.

Niemand, und zwar zu Recht, wird mir glauben, daß es sich hier um einen Zufall handelt. Im Gegenteil.
Warum muß es eine Taube sein? Ein Vogel, zu groß, um klein zu sein, zu klein, um groß zu sein. Ein Vogel, der nicht singen kann. Ein Vogel, ohne sichtbares Nest und ohne sichtbaren Nachwuchs.
Tauben symbolisieren allerhand: den Frieden mit dem Ölzeug, die unbefleckte Empfängnis, in der bildenden Kunst sehr oft die Liebe, zerquetscht, auf den Straßen plattgewalzt, den Charakter des motorisierten Verkehrs.
Ich habe Tauben gesehen, wo sie hingehören, und fand sie als Felsbewohner ebenso abstoßend wie in Wien. Dieselbe Mini-Adler-Attitüde, dieselbe Winkelschlüpferei, dasselbe lauernde Auftauchen aus den ausgewaschenen Löchern im Gestein, dasselbe rattenartige Verschwinden in eben denselben. Je länger ich versuchte, mir die Tauben vor Augen zu halten, desto deutlicher wurde mir, wie diese Forschung für mich ausgehen würde.
Langsam, so fand ich, war es Zeit, etwas zu unternehmen. Ich brach die mich zuerst beruhigende und dann doch kränkende Vertiefung in die Taubensymbolik ab, entschlossen, mich der selbstherbeigeführten Taube zu entledigen. Jedoch der ersehnte Mut stellte sich nicht ein.
Den Kopf in beide Hände gestützt, versuchte ich, mir selbst meine Fähigkeiten aufzuzählen – also was habe ich gelernt? – nach einer kurzen Pause kommt die kopfschüttelnde Antwort – nichts. Wenn dein Charakter die Gestalt eines – was? – hat, schaut jedes Problem wie eine Taube aus. So geht's nicht. Oder doch? Wenn mein Charakter die Gestalt einer körnerstreuenden älteren Dame hätte – ginge es mir darum, daß mir aus der Hand gefressen wird. Das gibt Sinn. Wenn mein Charakter die Gestalt einer Sintflut hätte, könnte mir eine Taube mein Ende ankündigen. Wenn mein Charakter die Gestalt einer himmlischen Jungfrau hätte, könnte die Taube mich unbefleckt empfänglich machen. Ich faßte zusammen: Sie könnte mir aus der Hand fressen, mein Ende bedeuten und mich schwängern. Letztlich doch wieder ohne jedes Konzept öffnete ich gut gelaunt und zu allem bereit die Tür, – ich war sprachlos.

Sie hatte das Zimmer aufgeräumt und saß, eine Rose im Schnabel, am offenen Fenster. Sie strahlte. Zur Begrüßung breitete sie beide Schwingen weit aus. Beschämt lächelte ich aus dem Gefängnis meiner ängstlichen Kleingläubigkeit heraus. Und ging auf sie zu. »Ist die Rose für mich?« Sie nickte. Ich nahm ihr die Rose ab und machte aus Ratlosigkeit mehrere Knickse vor ihr. »Danke« hauchte ich. »Sind wir wieder gut?« Sie nickte abermals. Ich atmete tief durch. In meinem Innersten sagte eine Stimme: »Ich will nicht mit einer Taube leben.« Ich rollte meine Bauchmuskeln, so gut ich konnte, vor dieser Stimme, so daß man sie nicht hören können sollte. Die Taube hatte sie aber gehört. Obwohl sie offensichtlich traurig wurde, hüpfte sie scheinheiter auf meine Schulter, scheinheilig neigte ich meine Wange zur Seite. Ich versenkte meine Nasenflügel in der Rose, sog ihren Geruch ein und fixierte den Boden, und dann versuchte ich noch einmal, die Taube anzuschauen. Sie war sehr gewachsen, hatte Brillen. Wir blickten einander an – vielleicht könnte man sagen – wie Bild und Spiegelbild, und ich spürte, wie ein heftiges Zittern mich durchrann.

KATHARINA RIESE

Nebenfach Kunstgeschichte

Alte Arbeitsplätze, ich meine solche, in die meine Energien systematisch eingeflossen wurden, sind ohne erdrückenden Konversationsaufwand nicht aufsuchbar. Auch frühere Wohnungen würde ich nicht mehr sehen wollen. Parks, Kinos, Theater, Gast- und Kaffeehäuser werden mir nicht alt in dem Sinn, daß ich bestimmte Lebensabschnitte mit ihnen verbinde. Mit bestimmten Bädern, Bibliotheken und Hörsälen hingegen schon. Diese Bäder, Bibliotheken und Hörsäle, Stätten sinnlicher und geistiger Erregung besuche ich museal als die Schauplätze unseres, Aminas und meines, gemeinsamen Aufbruchs. Ich wollte damals die Hälfte meines Köpfchens nicht hergeben, und auch Amina wollte einen ganzen Kopf behalten.

Im Zuge der jahrzehntelang nun schon von Amina getrennten Erforschung der intellektuellen Abenteuer der Zukunftslosigkeit in der Stadt Wien, ich war aus Linz, sie war aus München zum Studium hierhergekommen, habe ich sehr viele architektonisch und finanziell zusammengehaltene Schauplatzeinheiten durchtanzt, mich eingeschrieben, beworben, vorgestellt, eingelebt und eingearbeitet, fortgetragen von der Neugier auf das Neue, und immer wieder erlebt, daß Menschen offensichtlich imstande waren und sind, sich für einen Schauplatz zu entscheiden und dort, zusammen mit anderen, ebenfalls so Beständigen, anzutreffen sind. Diese Seelenruhe. Die haben zum Beispiel ein Studium studiert, haben einen Partner gesucht und gefunden, haben Kinder bekommen und haben, zuerst der Mann und später auch die Frau, Arbeitsplätze ergattert, die mit ihrem Studium in Verbindung zu bringen sind. Ich verstehe das nicht.

Der einfachste Dauerbrenner der besuchbaren Art ohne Konversationsaufwand ist der Hörsaal 1 im Neuen Institutsgebäude der Alma Mater Rudolfina. Die Kunstgeschichtsvorlesungen werden hier als Diavorträge abgewickelt.

Einst Dunkelkammer der Leidenschaft bei streng ritualisiertem

Vortragsstil, links das relevante Vorbild, rechts das Bild, begleitet von Namen und Datenlitaneien in so rascher Abfolge, daß die herzustellende Mitschrift, die sich für die erfolgreiche Ablegung des Kolloquiums als unumgänglich herausstellte, zur sportlichen Überforderung der Augen, Ohren, Schreibhand und Aufnahmekraft führte, wurde der Hörsaal 1 nach erstsemestrigem Schrecken zum verläßlichen Ort absehbarer Beschränkung. Nach zwanzig Jahren, rechne ich vom ersten Semester an, wiederbetreten, finde ich Ritual, Stimmung und Geruch vor Ort unverändert vor.

Ich war damals zu einer Vorlesung zu früh gekommen. Erschöpft von der Großstadt und der völligen Einsamkeit in dieser ging ich in den Hörsaal 1, um mich niederzulegen, ohne Hoffnung, diesen Wunsch realisieren zu können. Amina lag genau in der Mitte des theatralisch aufsteigenden Gebänks. Sie lag am Rücken, über drei Bankreihen balancierend, mit ausgebreiteten Armen. Stellen Sie sich bitte vor, Sie möchten irgendetwas dringend, zum Beispiel im Hörsaal 1 sich einfach niederlegen, haben aber keine Ahnung, wie Sie es anstellen sollen. Sie sehen keine oder fast keine Hoffnung, obwohl Sie ihre Ansprüche zu reduzieren bereit sind, einfach irgendwo am Boden, und dann sehen Sie jemanden, der genau das macht, was Sie tun möchten und zwar exzessiv. Wie ich sie so liegen sah, war mir, als hätte ich jemanden fliegen gesehen. Amina studierte Kunstgeschichte im Hauptfach, ich im Nebenfach.

Über das Wiener Institut für Kunstgeschichte denke ich nichts Böses und auch nichts Gutes. Weder ist es eine Höhle, es liegt im letzten Stock eines für Wiener Verhältnisse Hochhauses, und Laster habe ich, wenn ich die Tür in der Glaswand, die das Institut vom Stiegenhaus trennt, passierte, um Amina zu besuchen oder abzuholen, Nebenfächler hatten kein Institutsbenutzungsrecht, keine gefunden. Ich sah Studenten, die mit Büchern oder Diakästen unterm Arm durch die Gänge gingen. Selten sah ich mehr als drei Studenten im Kaffeezimmer sitzen. Ich sah durch Bücherregale in Nischen unterteilte Räume und in den Nischen je zwei lange Doppelschreibtische, und an diesen sah

ich Studenten und Studentinnen hinter ihren jeweils persönlichen Bücherstapeln lesend sitzen. Was aber machte mein Herz beim Anblick der gehenden Füße einer Kunstgeschichtsstudentin am Institut für Kunstgeschichte und zwar nur dort, wie sie mit nachdrücklicher Lässigkeit und parodoxalem Schwung einen Fuß vor den anderen setzt, so wild?
Wie Sie wissen, hat jede Universität ihr Vorlesungsverzeichnis, in dem die einzelnen Lehrveranstaltungen des jeweiligen Semesters ausgewiesen werden. Was die Universität aber ihren Studenten tatsächlich beibringt, werden Sie vergeblich in den Lehrplänen suchen. Lassen Sie es mich an einem einfachen Beispiel erklären: Türenöffnen und Türenschließen.
Am Institut für Volkskunde in Wien wird der Vorgang Türenöffnen, Türenschließen völlig anders als am Institut für Kunstgeschichte an der gleichen Universität gelehrt. Der reifere Student der Volkskunde öffnet und schließt mit einer wahrscheinlich kontinuierlichen Bewegung, freundlich, leutselig, bestimmt, volks. Höchstwahrscheinlich schließt er die Tür mit der Hand, wohingegen der Kunsthistoriker die Türen leicht hinter sich zuwirft. Möglicherweise hat er die Klinke beim Türenschließen nicht in der Hand, sondern bedient sich des Fußes, um die Tür mit einem kleinen Tritt ins Schloß zu befördern. Ein gespielter Unwille verleiht allen seinen Bewegungen einen eigenartigen Reiz.
Überlastung wird angedeutet. Darin unterscheidet sich das Institut für Kunstgeschichte der Wiener Universität nicht von allen anderen architektonisch und finanziell zusammengehaltenen Schauplatzeinheiten, wo niemals der Eindruck entstehen darf, hier mache irgendjemand irgendetwas zu seinem Vergnügen. Das würde nicht nur die Daseinsberechtigung des Wiener Instituts für Kunstgeschichte in Frage stellen. Die Verausgabung von Steuergeldern für die Privatlust einiger Voyeure der gehobenen Art würde als krasser Verrat an den Zielen des Staates aufgefaßt werden, der sich vorgenommen hat, für das Wohl jedes einzelnen Bürgers gleichermaßen zu sorgen und eben zu sorgen und nicht die Gaudi oder Obsessionen einiger Weniger zu finanzieren.

Während der Volkskundestudent weiß, daß er dem Fortschritt nicht dient, sein Fach jenseits aller Legitimierungsversuche eine offene Eigenbrötlerei darstellt, einem persönlichen Vergnügen ähnlicher denn einem Laster, das mit der Hinnahme der eigenen Lächerlichkeit auch schon irgendwie abgegolten ist, und der Volkskundler sozusagen in jedem Fall ein Privatgelehrter ist, der niemandem Rechenschaft schuldet, steht dem Kunsthistoriker für den Ausbau ästhetischer Empfänglichkeit unter Umständen eine Weltkarriere bevor, eine Weltkarriere auf Schaulust aufgebaut.

Die Tür wird leicht aufgestoßen, seht her, ich bins, im Rahmen, in der Bewegung über die Schwelle, der Moment der Repräsentation im neuen Raum, die erlernten Beispiele für die Wirkungen der Raumabfolgen für das Raumempfinden sowie die Neubestimmung des Raumes durch jede hinzukommende Gestalt lassen in der persönlichen Strategie ihre Spuren zurück, gelernt ist gelernt, ein alter Raum wird verlassen, um einen neuen Raum zu betreten, und durch das Türenöffnen und das Über-die-Schwelle-Gehen entsteht die Optik der Zeit, GESCHICHTE, genug und wie auch immer, so lange haben wir auch wieder nicht Zeit und rumms, weg mit der Vergangenheit und Türe zu.

Was mein Nervenherz am Institut für Kunstgeschichte so in Galopp versetzte, wenn ich auf der Suche nach Amina hinter einer Kunstgeschichtestudentin zu gehen kam, war eben diese mir durch ihre Weise, einen Fuß vor den anderen zu setzen vermittelte, bis zum Absterben aller Sinne durchgehaltene Zügelung einer Zügellosigkeit, die bereit ist, den Snobismus von Päpsten und Kaisern in den Schatten zu stellen. Wie jedoch an allen anderen Instituten der Universität Wien wird auch am Institut für Kunstgeschichte, was an diesem Schauplatz besonders brutale Effekte erzielt, die hohe Schule der Dressur durch Schlapfen und andere häusliche Kleidungsstücke wie Hausjacken, heruntergebogen, die ganz ohne Raffinesse der Betonung des sich Eingenistethabens, der einfachen elitären Bosheit gegenüber den Nichtdazugehörigen dienen.

Wiedereingetreten in den Hörsaal 1 in eine im Gang befindliche

Kunstgeschichtsvorlesung, überwältigt mich der Haß auf die Kontinuität des Unsinns, auf das Wunder der Hartnäckigkeit von Strukturen, die keine Studentenbewegung rühren konnte, und landete in einer nunmehr von jeder spontanen Panik befreiten, sozusagen reifen Angst. The slide-show must go on. Für Sekunden bricht meine Stimmung in Dankbarkeit über die Einfachheit um. Dann Übelkeit: das Gesinnungsmuseum, der standespolitische Gestank, die subtile Dominanz der Beziehungslosigkeit, ich hier als die, die hier nichts verloren hatte und hat, ich, die ich mich hier hineingestoßen hatte aus einem Mangel an allem.

KATHARINA RIESE
Kalte Krieger

Nachtstill lag das Villenviertel an meiner Seele Feiertag. Wer altert hier rasch und ohne Reue? Je ne regrette rien! Na, ich wäre mir da nicht so sicher. Diese Haltung kann reine Einbildung sein. Es kommt immer wieder zu Phasen gegenseitigen Beäugens und Belauschens. Den Typen fällt das offensichtlich nicht schwer. Mir, ehrlich gesagt, auch nicht. Richtig! Das Gehirnschmalz muß dahin verwendet werden, damit ein Konzept auf den Tisch kommt! Zusammenfassung: Das Mißtrauen altert rasch und ohne Reue. Vorschau: Polizist Stop Solipsist Stop Nachtfunk Stop Stille Stop. Guten Morgen! Wir begrüßen Sie und wünschen Ihnen einen erfolgreichen Tag. Trotz der allgemeinen Sparlinie sind wir auch heute nicht einzubremsen. Wir haben einen schnittigen Verstand. Freilich, sicher, jeder kann in die Politik gehen. Wenn man bereit ist, auf seine Familie zu verzichten, soll man das tun. Aber, so einfach ist das wieder nicht. Das geht nicht: auf der einen Seite sparen und auf der anderen Seite einkaufen. Ich bin drei Monate älter als Sie und Sie verdienen das dreifache Gehalt. Finden Sie das gerecht? Je besser bezahlt, desto weniger anfällig für Korruption. Zusammenfassung: Die Erben warten auf ihren traditionellen Festplätzen auf die Rückkehr ihrer freigesprochenen Tondokumente. Vorschau: Kopfgelder erschwinglicher denn je Stop Scheinblüten stürzen ab Stop Die Räumung großer Teile praktisch widerstandslos gelaufen. Die Türen!!! Die Türen! Es ist nicht egal, ob die Türen noch offenstehen oder nicht. Es sollte immer jemand von Zeit zu Zeit nachsehen, ob die Türen noch offenstehen! Bitte um eine Pause. Eine Pause für die Schönheit. Hier ist eine dicke Luft. Die nationalen Gedankengänge sind merklich überlastet. Die maßnahmenabgesprochenen Sparpakete liegen auf dem Vorfeld und niemand schickt sie ab. Zusammenfassung: Die Alpen Stop Le Rosier des Alpes Stop Die Beschreibung finden Sie in: Les Roses, Redouté, Band drei, Paris achtzehnhundertvierundzwanzig, Seite fünfzehn. Vorschau: Alpentraum Stop Druck Ende. Das Journal: Erwarten Sie Kollisionen mit der Gattin? Nein. Vielleicht wenn ich Leiter der Sektion wäre. Die Nachrichten: Das Mädchen, der ich im Besuchsraum der Anstalt mit Mikro, Block und Kugelschreiber gegenübersaß, lehnte sich sanft zurück. Meinen Vorschlag, ihren Prozeß mit Hilfe der Medienfrauen zu einem politischen Kampf auszuarbeiten, interessierte sie nicht. Die Schuhspitze ihres überschlagenen Beines berührte leicht mein Knie. Das Schweigen ließ mich in einem Tagtraum abdriften. Ich sah die junge Frau auf einer Steinbank vor einem Brunnen sitzen, auf jeder Schulter einen Raben, ins Leere blickend. Ich sah andere Frauen zum Brunnen kommen, um ihr tägliches Wasser zu schöpfen. Ihre Schritte gerieten beim Anblick der Bewegungslosen ins Wanken. Das Einknicken der Knie ist es also ... An dieser Stelle stürzte ich ins Hellwache zurück. What would you do, if everything you loved and hated vanished? Wenn alle Lebensmittel Sterbensmittel werden? Müssen wir wirklich alles abblasen? Auch unsere liebsten Dauerbrenner? Zusammenfassung: Baugrube Stop Die ganze Avantgarde Stop Vorschau: Mitschuld am Fortschritt des Unglücks Stop Immer schon ein irgendwie komisches Gefühl Stop Zeit zum Nachdenken: Ein Hirt prügelt seine Schafe, eins nach dem anderen, aus seiner Herde. Will er sie nicht mehr sehen? Kann er das? Zusammenfassung: Das Gras Stop Der Weg Stop Wohin Stop Schmerzhafte Zuglust Stop. Mit Gebrüll: Dir werde ich Beine machen! Du wirst schon noch sehen, wohin Du kommst? Du bekommst eine auf die Nase! So einfach ist das bei uns! Ich bin der Gedankenstrom! Ich werde Dich ermüden! Ich werde Dir Schmerzen zufügen! Zusammenfassung: Im Journal zu Gast Stop Die Chronicles kann man sich nicht aussuchen Stop Erneute und erneuerte Bereitschaften verschieben die unerwünschten Elemente in die behördlichen Garantien. Die Vertreter der benachteiligten Personen befinden sich in ausgezeichneter Stimmung und trinken Sekt. Prosit! Die gespeicherten Karikaturen schlagen auf Hammer und Amboß. Immerhin eine kleine Verschnaufpause braucht jeder, bevor die Direktion die Parade abnimmt. Niemand zeigt diesen Anblick. Das ist Stop Top Stop

Secret. Diese Bemühungen führen zu unkontrolliertem Sprechen im Stechschritt. Die Fenster!!! Die blinden Fenster werden geputzt, um die endgültige Wahrheit einzulassen. Die Nachrichten: Neben der Couch auf dem Boden lagen die Brillen. In den Lippen fühlte sie ein kühles Kribbeln, wie Pfefferminze. Die Farben begannen ineinanderzufließen. Wir sind beide aus der Werbebranche, Fachleute im Verdecken von Fehlern und Nachteilen. Wir machen das schon. Zusammenfassung: Wasserfall Stop Adam Stop Eva Stop Frauenzeichen Stop Strumpfhosen Stop Mineralwasser Stop. Und wie heißt denn Du? Kultur: Gelegenheitsfesselungen von Frauen und Kindern fanden große Zustimmung. Nicht endenwollender, stehender Applaus. Sie wurden Zeuge einer Sternstunde. Nur einige unterstandlose Zivile behaupteten quasi irrtümlich ihre Rührseligkeit. Literatur: Umsonst versuchen einige Unermüdliche zu schreiben. Nachrichten: Ich habe von Dir geträumt. Nach diesem Abendessen. Unsere Gelächter, unsere unmotivierte Vertraulichkeit. War da die gegenseitige Abtreibung schon inbegriffen? Kultur: Die Verrückung des guten Stückes wurde mit Begeisterung aufgenommen. Vor allem die gelungene Entgleisung der Höhepunkte. Zum besseren Verständnis entwirrten drei Interpreten vor dem Stück, in der Pause und nach dem Stück den tieferen Sinn der ganzen Geschichte. Nachrichten: An der Kassa ist seit gestern ein leichtes Atmen zu hören. Das kann keine Täuschung sein. Es gibt, gibt es, Wahrheiten, die durchzugeben nicht ratsam wäre? Bleiben Sie zu Hause und Sie ersparen sich Zusammenhänge, hinter die zu kommen Ihnen eine Menge Ärger einbringen könnte. Nehmen Sie sich ein Beispiel an der Forschung! Gehen Sie spazieren! Gehen Sie mindestens einmal täglich am Thema vorbei! Unter welchen traurigen Umständen haben denn Sie zu denken begonnen? Die Gedankenlosigkeit will erkämpft werden. Die Schutzengel zeigen auf den ersten Blick Ermüdungserscheinungen. Das stimmt aber nicht. Bei näherer Betrachtung kommen wir zu dem Schluß, daß sie immer noch voll da sind. Seit Tagen verschließt sich mir der Mund nach dem Vorbild der Oskarpreisträgerin. Das kommt davon, wenn man ins Kino geht. Der mümmelnde Mundverschluß einer wiederkäuenden Verkniffenheit, einmal angewöhnt, ist schwer wieder loszuwerden. Vor allem, wenn solche Trophäen winken! Direkte Rede: Eine Frage! Gestatten Sie mir eine Frage! Hat der Brunnen, in den Gold- und Pechmarie fallen müssen, um Frau Holle zu begegnen, eine Sackgasse? Ich meine, daß eine in den Brunnen fällt und nicht in der Phantasie ankommt. Nur schwarz und sonst gar nichts sieht? Das Wochenende: Meine Damen und Herren, besuchen Sie unseren weltberühmten Holzweg! O, isn't it nice. Darling, it's marvellous! It's real wood? Yeah! Vorschau: Ein Blinder überquert in einem Segelboot den Atlantik. Er wollte sich ausschließlich mit Hilfe eines Funkgerätes orientieren. Nach dem dritten Tag fiel das Gerät aus. Er galt als verschollen, bis er heute vor der Küste von Hawaii auftauchte. Sein Boot hieß: Dunkles Licht. Ausflug in die Vergangenheit: E. von Maltzahn, Contra Naturam, ein Roman ohne Jahreszahl, einige Zitate: Mutterschaft, verehrter Herr Geheimrat, ist für uns geistig arbeitende Frauen ein überwundener Standpunkt! Und ist sie unvermeidlich, so kann ich meinem persönlichen Gefühl nach nur von einem, unseren geistigen Flug hemmenden Hindernis reden. So kann ich nur sagen: Das ist contra naturam! ... Sie schlug das Buch der beiden Frauen auf, die ihr Bestes eingesetzt, um ihren Schwestern die brennenden Fragen ihres Lebens zu beantworten und sie in Augenblicken der Unsicherheit nach Möglichkeit zu beraten. ... Natürlich ist mir die wilde Frauenrechtlerin widerwärtig. Aber sie gehört auch nicht hierher! ... Sie stützte den Kopf in die Hand und sah und hörte nichts mehr von der Außenwelt. Neben ihr lagen vergessen die Zeitungen, darin sie vor einer Stunde einen interessanten Bericht über die erste deutsche Frauenhochschule in Leipzig und ihre bevorstehende Einweihung (29. Oktober 1921) gelesen. Die grün verschleierte Lampe warf ein mildes Licht in den behaglichen eleganten Raum und umspann die schlanke Gestalt in ihrem dämmrigen Glanz. ... Zusammenfassung: Durch ihre Heirat verlor sie ihre Heimat im Hause der schaffenden Kunst. Vorschau auf die nächsten Folgen: Die Versuche, die Meister zu panifizieren, gehen in die Hose. Sprechen wir weiter von den Frauen. Ich schlage Sie zusammen. Ich greife zur Hacke, pardon, ein Versprecher, zum Schwert und nehme mir die Freiheit, Sie vom Scheitel bis zum Geschlecht zu spalten. So werde ich meine Komplexe los. Hier, meine Damen und Herren, sehen Sie bereits die beiden Hälften, eine linke und eine rechte. Welche bevorzugen Sie? Ich? Mein Name ist Hase. Ich Igel Weichbauch. Ich keine Meinung. Zusammenfassung: Oh! Unter dem Strich geht alles weiter bis zum nächsten Mal. Der Schlüssel bleibt in der Hinterhand. Nachwort: Man kann in diesem Fall bestenfalls ein faustisches Ringen heraushören, aber sicher kein festes Programm. Im O-Ton können Sie nach zwanzig Uhr die schrillen Schreie der Referenten hören. Trotzdem können wir, die Veranstalterinnen, inzwischen Meisterinnen im Puzzlespiel, zufrieden sein. Nutzen wir die Gelegenheit und bedanken uns an dieser Stelle besonders herzlich. Und zurück in die Familien: Sagen Sie, Joseph, wo bleibt der Orangensaft? Zu Beginn der Serie hören Sie das Grundmotiv. Irgendwie fischelt es hier. Das Tagebuch der verirrten Seele ohne Niveau. Meine Frau und ich fahren jedes Jahr dorthin. Wir sind mit den Preisen einverstanden. Soweit ist das Urlaubsproblem gelöst. Bleibt nur mehr der Rest des Jahres. Im Apartment wohnt der Schmerz. Zusammenfassung: Überall Analgetica. Forte. Forte plus. Wir lieben die Chemie. La petite musique de la vie. Für das nächste Jahr und für das übernächste Jahr werden die Weichen gestellt: Ganz in Rosa und Hellblau unterhalten sich die Experten geschmackvoll über die weiteren Förderungsmaßnahmen. Nirgendwo gibt es ein häßliches Handgemenge. Telefonzellen sind auch nachher noch frei. Ein Hinweis für unsere Literaturliebhaber: Ein Leben lang verglühen die Schriftsteller wie Kometen. In den psychiatrischen Anstalten wird versucht, die verschütteten Zugänge zu den Köpfen der Kleinmeister des Irrsinns teilnahmsvoll zu repräsentieren. Karrieren sind immer steil. Fürchten Sie die Patrouillen der Feinde ebenso wie die Kontrolle der Bündnispartner. Verweigern Sie entschlossen angeordnete Ausflüge in die Freiheit. Lassen Sie sich nicht zu ihrer Befreiung zwingen. Auch nicht von den internationalen Konzernen. Die gemeinsamen Schicksale müssen so und so abgebüßt werden. Das Programm für diese Art von Veranstaltung steht schon lange im voraus. Wo? Im Kasten, Sie Idiot! Was glauben Sie denn? Zusammenfassung: In letzter Minute half eine Wallfahrt! Der Familienfunk: Die Eltern haben oft etwas anderes im Kopf als ihre Kinder. Deshalb werden mobile Märchenbühnen aufgebaut. Weitere Programmpunkte: Bergwerksbesuche für Kinder. Vier Tage in der Steinzeit. Moorwanderungen. Zusammenfassung: Die Kinder von heute sind die Erwachsenen von morgen. Eine enttäuschungsreiche Odyssee. Spätnachrichten: Der wilde Schmerz flattert in der Magengrube. Einige sind nicht mehr in den Normalzustand zurückgekehrt. Der Ingenieur installiert ungeniert die Klammerhalme. Gespräche sind Säulen. Zur Bewältigung der Krise wird eine Runde mit unterschiedlichen Charakteren zusammengestellt. Zusammenfassung: Brillant, aber mager. Wir wünschen Ihnen einen guten Morgen. Was die Morgenröte verspricht, hält auch der Tag. Nach übereinstimmenden Meldungen erklären die Parlamentarier ihre Zustimmung zur Einengung der Gewässer. Von der versauten Erde handeln die Eigenproduktionen am unteren Ende der sozialen Leiter. Einige versuchen zu retten, was nicht mehr zu retten ist. In Tonarchiven werden Landschaften rekonstruiert. Vogelstimmen, Ächzen der Äste im Wind, lebensecht und körpergroß. In der Grottenbahn ist es schön kühl und es riecht nach Fichtennadelspray. Und nun das Wetter: Tief verschneit liegt die Stadt im anhaltenden Schneefall. Flocken tanzen, wirbeln, pfeifen am Fenster vorbei. Auf den Dächern liegen dicke Schneedecken. Die schwarzen Krähen machen auf dem weißen Grund einen guten Eindruck. Parkende Autos versinken in den Schneewächten, da die Hausmeister die weiße Last von den Gehsteigen zwischen die Autos werfen. Durch den Verkehrsausfall entsteht eine neue, fremde Stille in der Stadt. Fast alle Autofahrer verzichten auf ihre fahrbaren Privatuntersätze. Autoschlüssel, Kratzer, Schneebesen bleiben heute hinter eingefrorenen Schlössern unbenutzt liegen. Die Passanten verarbeiten den Schnee mit ihren Füßen zu einer maronifarbenen Mürbteigmasse. Der Streß bekommt eine

Schneehaube aufgesetzt und sieht darunter sehr putzig aus. Zusammenfassung: So weiß wie Schnee. Nachrichten: Ich träume oft von Autos, deren Bremsen nicht funktionieren, und dann bumsc ich wo hinein. Stern & Haferl. Kulturnachrichten: Die böse Frau trägt ihren Rittmeister durch den Funk. Angebliche Bedienerinnen schreiben Lyrik. Nur Giganten können überleben und auch die nur im Kaffeehaus. Portraits verbessern die angespannte finanzielle Lage der Kontrahenten. So elegant und formschön werden wir uns nicht mehr wiedersehen. Haben Sie etwas eingebüßt? Niemand läßt sich gerne in die Karte blicken. Der durch die geschlossenen Reihen gebrochene Beobachter winkt ziemlich hilflos mit seinem Zettel. Ihm wurde der Ton abgestellt. Auf Reaktionen müssen die Redaktionen verzichten. Nachrichten: Beim Aufstehen brachte ich einen Ton über meine Lippen. Es war mit dem Summerton zehn Uhr Vormittag und ein Samstag. Da hatte ich es eilig. Ich ließ meine Schulterblätter kreisen und startete. Am Abend stand ein flammender Vollmond mitten zwischen den Häusern. Kommentar zum Kommentar: Die Tonbandzitate als akustische Marathonprozession rollen die Zeitgenossen in eine dramatisierte Elektronik, die niemand mehr aushält, egal, wohin er kommt. Die Kanäle sind einzeln der Vormacht der synthetischen Himmelskörper geweiht. In fixen Terminen ertönen die silbernen Glöckchen der Kommunikation. Das Stimmvolumen sollte den Eindruck einer gewissen Zurechnungsfähigkeit vermitteln. Die Nachrichten der Devisenhändler enden nirgendwo ohne Berechtigung. Die poetischen Mosaike der freischaffenden Beamten gewinnen spielend die Sympathien der schelmischen Hörer. Insgesamt werden die Erwartungen in einer Weise zurechtgerückt, daß sich niemand mehr Illusionen machen kann. Manchmal, nachmittags glaubt man, man hätte sich verhört, oder horcht zumindest auf.

Chronicles

Alpenrose

Kalte Krieger, laufend

ICH SCHON!

Non, je ne regrette rien! Le Rosier des Alpes. Decription: C'est un arbrisseau à tiges glabres, rougeâtres, déliées, faibles, entièrement dépourvues d'aiguillons. Nachtstill lag das Villenviertel an meiner Seele Feiertag. Es kam zu einer Phase des gegenseitigen Beäugens. "Mir fällt dieser Wandel nicht schwer". "Richtig. Das Gehirnschmalz muß dahin verwendet werden, damit ein Konzept auf den Tisch kommt!".

Das Mißtrauen altert rasch. "Mir fällt dieser Wandel nicht schwer!"

Knie. Polizist. Solipsist. Hedonist. Nachtfunk. Stille.

Ich habe einen schnittlichen Verstand. Trotz der allgemeinen Sparlinie bin ich nicht einzubremsen. Jeder kann in die Politik gehen. Wenn man bereit ist, auf seine Familie zu verzichten, dann soll man das tun." "Das geht nicht. Auf der einen Seite sparen, auf der anderen Seite Abfangjäger kaufen." "Ich bin drei Monate älter und Sie verdienen das vierfache Gehalt. Finden Sie das gerecht?" "Politiker müssen gut bezahlt werden, damit sie gegen Korrption nicht so anfällig sind."

Die Erben erwarten auf ihren Festplätzen die Rückkehr ihrer freigesprochenen Tondokumente. Diese Entwicklung wird durch die Ahnung des Krieges bestimmt. Die Kopfgelder werden zunehmend erschwinglicher. Die Scheinblüten stürzen ab. Die Räumung der großen Teile werden ohne Mitgefühl hingenommen. Von Zeit zu Zeit schaut jemand nach, ob die Türen offenstehen. Die gemeinsamen Schicksale müssen abgebüßt werden. Die wirtschaftliche Überlastung der nationalen Gedankengänge ist über das Vorfeld hinaus und führt innerhalb der maßnahmenabgesprochenen Sparpakete zu einer gewissen Schwerfälligkeit. Bösartige würden sagen: Rückständigkeit.

LIESL UJVARY

Märchen zur Person

1

Meine Unternehmungen führen mich in zwar rauhe, aber oft herrliche Gegenden. Auch eine gewisse Strenge und Dürftigkeit der Lebensweise gehören zu dem Ganzen. Wie in Tibet, Tranceläufer. Außer einer tüchtigen und tapferen Gesinnung brauche ich nichts – ein Stück Brot, Äpfel, einen Schluck Wasser. Ich will zurecht kommen, gebe mir große Mühe. Am Morgen, wenn die Sonne mich aufweckt, eile ich los. Meine Zunge gleitet über die Lippen. Manchmal glaube ich, mein Herz zerspringt vor Weh und Traurigkeit, oder sind das meine Geschlechtsteile? Welches Mittel soll ich nehmen? In der Wildnis, mitten unter den Autos, muß ich mir meinen Weg bahnen. Ein Gemurmel geht in den Leuten um mich, ich höre alles, kann aber nichts dagegen ausrichten. Ich schweige, aber die Begierde in meinem Herzen schweigt nicht und läßt mir keine Ruh. Noch einmal gut gegangen. Im Zug kann man nicht mehr abspringen, jeder steuert unbeirrt drauflos. Ich bin schon lange abgefahren. Dunkel ist es, aufgeregtes Knistern, Wind. Wer löst mir endlich die Zunge!

2

Reich, glücklich, gelehrt, geliebt! Oder ganz ohne Hoffnung, von Sturm und anderem Unglück zu Boden geschlagen? Mein kleiner Platz ist ungesichert. Brot kostet Unsummen, Brot kaufen ist gefährlich, es wird geschossen. Aufpassen! Solche Menschen werden immer seltener, alle heimlichen Plätze in Wohnungen und Gärten müssen einer leeren Prächtigkeit weichen. Komm zu mir, wie ein schönes Wort sagt, Zeugnis meines Herzens. Aber das setzt andere in Verlegenheit und kommt ihnen anstößig vor, dabei verlange ich ja nichts Unnatürliches. Eben darum. Wann geht ein Zug nach Marchegg? Hell und durchsichtig soll der Tag sein, einzelne Sätze kehren immer wieder und sind in einem anderen Sinn eigentlich nicht zu verstehen. Schade. Sie betrachten mich bloß als rohen Stoff, aber ich wehre mich gegen solche Bearbeitungen. Ich bin müde, ich will schlafen, ich fürchte mich. Ich arbeite bis zum Umfallen. Ich bin hinter ganz bestimmten Dingen her, nichts wird mich davon abhalten. Diese Pflanze öffnet ihre weißen Blüten nur abends für eine Stunde, sie wird von Nachtschmetterlingen befruchtet. Man stelle sich darauf ein.

3

Ich suche eine Mutter, eine Schwester, eine Freundin, einen Vater, einen Sohn! Bist du ein ehrlicher Kerl? Pack ein! Warum tut keiner das Maul auf? Jammerschade um die blanken Augen, wie mich jeder Blick schmerzt. Die Toten hören nichts und sehen nichts, Melisse, diese Blätter duften so sanft. Ich bin in einen fremden Garten geraten, meine Augen öffnen sich, meine Glieder strecken sich. Wir sitzen im Kreis, fünf pochende Herzen, die Singdrossel ist gefangen. Ich bekomme Lust auf ein Glas feurigen Wein, wollt ihr mit dabei sein? Wenn zwei zusammen im Bett liegen, so wärmen sie sich, fällt mir ein. Siehst du? Besprechen wir das.

4

Von diesem Mittel verspreche ich mir Heilung, man lege sich eine Handvoll angefeuchteter Körner auf die Stirn. Alles liegt in Scherben. Ich wünsche mir nur Ruhe, ich weiß ja nicht, wo ich hingehöre. Steigen wir in die Berge und nehmen wir dort Wohnsitz, wollen dort unser Glück versuchen. Wir müssen uns so kleiden, daß wir ganz unkenntlich werden. Wenn jemand in der Ferne auftaucht, ziehen wir uns erschreckt zurück. Die wilden

Tiere fürchten wir nicht. Ja, früher! Die Sonne verbrennt uns, die Dornen zerkratzen uns, der Regen durchnäßt uns. Weine nicht. Wir heizen ein, tun Speck, Mehl und Eier in die Pfanne, damit wir uns wärmen und satt essen können. Todmüde sind wir. Es wäre ein herrliches Leben.

5

Halt! Fühle mich in ein Federvieh verwandelt in einem der Gemächer meines Herzens! Ich spreche, ich möchte mich eröffnen. Werde ich aus dem Schlaf erwachen, aus dem erzeugten jahrelangen Tiefschlaf? Die verwerfliche Hand heißt es ergreifen und von nun an keine Furcht mehr haben. Glücklich in der Flut liegen in dieser blutigen Zeit. Man mordet. Wir geben uns dem Verkehr hin, fahren, fahren ... ich ahne etwas, was ich noch nicht weiß. Ich sehe etwas, was ich ahne. Eben ist jemand am Fenster vorbeigegangen. Diese Gewißheit lähmt mich. Unfall, das ist das richtige Wort. Wir leben im Sonnenlicht, die Erregung des Jägers schießt uns durch die Augen. Durch meine Unwissenheit löse ich die Katastrophe aus. Wer sich unvorsichtig in die Berge begibt, kommt nur halb lebensfähig wieder zurück. Jetzt verteidige ich mich, denn Gewalt ist für mich ein technisches Problem, handeln heißt soviel wie technische Handgriffe verweigern. Wer weniger kann, kann auch mehr. So erleide ich doppelten Schiffbruch: mir selbst ein Rätsel und verstoßen, bin außer mir darüber. Das bedeutet, gegen die Gesetze der Natur bin ich machtlos, aber ihre Kräfte möchte ich wenigstens beherrschen lernen. Ich zeichne Pläne, studiere Landkarten, hole Erkundigungen ein, diesmal soll es mir nicht mißlingen. Unter den neugierigen Blikken der Anwohner eile ich hinaus. Es ist heiß, ich gerate auf einen Acker, meterhohe Distelbäume stehen vor mir im grellen Licht. Ich hole tief Luft und schließe die Augen.

in ihm spiegeln sich Makrokosmos u. Mikrokosmos /
und dieser schmale, aber signifikante Bereich,
dieses sogenannte Mitteleuropa samt seiner
sogenannten Kultur. Alle diese Dinge bestehen, weil
man ihnen einen Namen gegeben hat. Ihr bringt sie
in eurer Sprache hervor, ihr bejammert das Leid, das
sie euch gebracht haben. Verfremdenheit! Zugleich-
gültig, irgendwie lebt dies alles auch in mir, so
wie ich jetzt darin lebe. Ich würde gern wissen, ob
wir eine Enttäuschung darstellen. Die Macht der
Enttäuschung. Wogen der Bedrückung bringen
meine Erinnerungen durcheinander. Trotzdem weiss
ich mehrere Dinge: es gibt Realitäten innerhalb von
Realität. Doch diesmal erfüllt mein Wissen mir
das Herz mit befremdlichen Gefühlen – mit
Empfindungen, darin sich Unbehagen mit zitternder
Vorfreude paart. Ich stehe und starre, gehe ein
paar Schritte weiter – und stehe und starre aufs
neue. Vergebens trachte ich, mein normales Seh-
vermögen wiederzugewinnen. Denn etwas wie
Verstümmelung haftet dem ganzen an. Allerorten
gewahre ich einen kaum merklichen Wandel
des Natürlichen, der entweder die Folge einer gering-
fügigen Übertreibung, oder, wahrscheinlicher noch,
von Unterdrückung war. Wohin immer ich blicke –
alles Leben scheint hier blockiert zu sein. Und
noch etwas wird mir erschreckend bewusst: all
diese Tortur, sie ist gekrönt von einer unerträglichen
Hoffnung. Und ich selber finde nicht die Worte,
das auszudrücken, was so laut in mir schreit.
All meine Worte und Fragen, meine Mutmassungen,
Folgerungen, Erklärungen, meine subtilen
Anspielungen – sie haben zu keinem Resultat
geführt. Nichts bietet sich an, bis auf die paar
trivialen Hinweise. In zufälligen Momenten kommen
mir jene Gedanken und überraschen mich auf eine
Art, die mich bisweilen auffahren macht. Sie sind
ja der Beweis, dass mein Denken unbewusst immer
um jene Schatten kreist und dass weit weg von allem,
ausserhalb meines Gesichtsfeldes, die Ursache
liegt und mich mit vager Unruhe erfüllt, mich
unsicher macht in meinem ganzen Bestreben.

ELFRIEDE GERSTL

Begrüssung des Publikums

treten Sie näher
es ist so weit
glauben Sie mir ein wenig.
ich bin eine Tatsache
ich bin eine Figur
Sie alle sind jeder eine Figur
ich bestehe ganz aus Sprache
auch Sie bestehen ganz aus Sprache
Sie sind was ich denke
wir haben vieles gemeinsam
wir haben nicht gemeinsam worauf es ankommt
Sie bestehen aus meiner Sprache
Ihre Sprache ist nicht meine Sprache
sprechen Sie zu mir
ich bin ganz Ohr
ich bin ganz Auge
ich bin ganz bei Sinnen
ich bin ganz bei Bewusstsein.
Sie sind in meinem Bewusstsein.
was heisst denn das, Sie sind in meinem Bewusstsein.
wissen Sie denn was ich meine
wissen Sie was ich über das Meinen meine
was wissen Sie über das Meinen
meinen Sie doch bitte
meinen Sie doch bitte etwas
meinen Sie doch bitte etwas über mich
sagen Sie doch was
sagen Sie doch auch was
ich habe diesen Text für Sie geschrieben
ich will ihnen gefallen
ich glaube ich gefalle Ihnen
warum gefalle ich Ihnen nicht

sagen Sie mir warum gefalle ich Ihnen nicht.
aber Sie glauben mir ja
aber Sie glauben mir ja manches
ich lege Ihnen Wörter in den Mund
ich decke Sie mit Wörter ein
was tun sie mit den Wörtern
was tun Sie
Sie tun nichts
Sie sagen nichts
Sie sagen was ich will
Sie tun was ich will
Sie sagen und tun was ich will
Sie sind sehr freundlich
Sie sind sehr schweigsam
Sie können mich totschweigen
Sie können mich totschlagen
Sie können mich vielleicht fortjagen
Sie können mir Ihre Meinung sagen
Sie können sich eine Meinung bilden
Sagen Sie mir doch ihre Meinung, bitte

ELFRIEDE GERSTL

freunde

F. ist freundlich zu mir
wenn ich selten komme
P. und H. ertragen meine gesellschaft
S. hat nichts dagegen
dass ich da bin
und G. ruft sogar alle paar tage
bei mir an.
Die gleich mir was lernen wollen
hassen mich nicht
solang ich sie nicht übertreffe
nur wenige verachten mich
und keiner wünscht meinen tod.
Ich versteh nicht
warum ich manchmal glaub
keine freunde zu haben

ELFRIEDE GERSTL
das weite feld des wohnens

wohnen indem man wartet und wertet
wohnen indem man im garten erntet
wohnen indem man geht
wohnen indem man steht
wohnen indem man sich um die eigene
achse dreht
wohnen indem man gräbt
wohnen indem man versteht
wohnen indem man lebt
wohnen indem man liebt
wohnen indem man staunt dass es so etwas gibt

ELFRIEDE GERSTL

in der sprache wohnen

oft und oft fehlt mir
das wort
einträglich
anatol
eternit
ontologie
und manchmal wieder
fehlt mir rein gar nichts.
In meinem zusammengeschusterten
sprachhäusl
steht und liegt mein vokabular
wie kraut und rüben
wie im tandelladen
oft findet man was man sucht
manchmal aber auch nicht

ELFRIEDE GERSTL

Zustandsbilder

I.

das Lokal beherbergt
eine Anzahl rasender Wünsche
hervorbrechend
          könnten sie das Lokal, das Haus, ganze Stadtviertel
in Asche legen
Seen aus Bier und Wein sind nötig
              um die Glühenden zu kühlen
die Wirbelwinde in ihrem Inneren
                versacken in wattiger Blödheit
wer hinfällt hat schon halb gewonnen
der erste Bewusstlose
ist der Sieger des Abends

II.

das Lokal beherbergt
an Worten Würgende
oder gänzlich Sprachlose
die im schweren Rausch
nur still zusammenfallen
es sind die beliebten Stammgäste
die nicht schreien können

III.

Lahme und Rabiate
            warten
   WARTEN auf die Erlösung

die bei der Tür hereinkommen soll
es kommen aber nur neue Gäste
getrieben vom atavistischen Drang
nach Stallwärme
gelenkt von dieser alten Rumpelkammer Gehirn

IV.

keine Freundschaften entstehen
keiner verliebt sich
und wenn sich nach der Sperrstunde
ein Gast im Bett eines andern findet
ändert das nichts

V.

Abend für Abend
hin und her gehen
zwischen den drei, vier Lokalen
obwohl die Frau ihrer Wünsche
der Mann ihrer Wünsche
abends nie ausgeht
oder nie in die Innenstadt
oder in einer Ehe verkommt
oder im Nebenhaus mit Topfpflanzen und Papageien lebt
oder täglich im Auto vorbeifährt
von irgendeinem Büro zu irgendeiner Wohnung
und niemals treffen sie einander

VI.

während die meisten Einwohner
nur abends und sonntags

der ersehnten Narkose entgegendämmern
haben die Randgruppler und Adabeis
die mit Herumschnorren
der Qual der Arbeit entgehen
mehr Zeit zum Leiden
zuverlässig steigt die Selbstmordrate
der Republik

VII.

die Revolution der Wünsche
ist das Wunschkind
nüchtern gebliebener Intellektueller
wie Pallas Athene
einem Philosophenkopf entsprungen:
süsser Marcuse wir legen Blumen
in deine Nische
Adorno wir adorieren dich

VIII.

man kann den Diagnostikern
nicht anlasten
dass sie den Krebs nicht
heilen können

ELFRIEDE GERSTL

bussi bussi
oder
ein silvester in wien

liebe liebhaber und liebhaberinnen
fassen sie ihr sektglas und ihren partner
um den hals
und begrüßen sie das junge jahr wie alljährlich
mit der donauwalzen
ein schmachtfetzen von unterhaltungschef
ein waschl von intendanten
ein wurschtel von kulturchef
ein wastl von oppositionsboss
ein wichtl von kolumnist
wird auch in diesem jahr wissen
was ihnen bekommt
wenns hochkommt
wird man sie niederkommen lassen
verkommen
aber nicht umkommen
solange sie einkommen
wenn sie hochkommen wollen
oder gar zu hoch hinaus
wo die bäume der anschauung in den
doch so freien westlichen himmel wachsen
wird man ihnen beikommen
sie werden
wenn sie zum beispiel als (kunst)waserl
um eine gemeindewohnung winseln
klein beigeben
und von eingabe zu eingabe
mehr eingebungen verlieren
und resignieren

wenn sie sich öffentlich äussern wollen
werden sie rasch zum äusserln
in ein kulturhäusl geführt
alles am rechten ort und zur rechten zeit
sagen wir nachts wenn der
brave wähler von der braven wählerin
heruntergerollt ist und brav schnarcht
dann dürfen sich die kunsthanseln hänseln
s hört keiner
s sieht keiner
s red keiner drein
und für a schnitzel a viertel und zwa kinokarten
dankschön sagen
bussi bussi
beehrns mich bald wieder
herr kulturwär-
ter
und gleich drehen und wenden sie sich weiter
die gäste von diesem herrn silvester
brav im kreis wie sies von den praterpferderln
gelernt haben
drehen
und drehen
und drehen sich
und drahn eine
ins jahr 1977

Elfriede Gerstl

Schriftsteller in Österreich
Die dünkelhaften Bürger mit den beschnittenen Rechten

Zu »Schriftsteller in Österreich« fällt mir der Witz vom Neger ein, der in der Bahn eine hebräische Zeitung liest: »Was, Neger allein genügt Ihnen nicht?!«
Auch anderswo lebt der Schriftsteller in einer noch am ehesten im psychohygienischen Dunst der Subkultur zu ertragenden Außenseiterposition: ihm sind die bürgerlichen Rechte, nämlich von seiner Arbeit leben zu können und das Recht auf einen Arbeitsplatz, nicht gerade aberkannt, sondern noch nie zugesprochen worden. Warum bedeutet »Schriftsteller in Österreich« nicht nur kein Honiglecken, sondern eher die Diagnose eines langen schweren Leidens? In unserem Kulturbetrieb zirkuliert weniger Geld als etwa in dem der Bundesrepublik. Was die Staatstheater nicht verschlingen, wird nach der Maxime »wer hat, dem wird gegeben« in Form von Stargagen und den von Medien selbst erzeugten Publikumslieblingen des kulturellen Showgeschäfts (Dirigenten und anderen Divas) zugeleitet. Staat und Gemeinden ersetzen zwar die Almosen verteilenden adeligen Damen des Feudalismus und verteilen lebensrettende Pfründe und Stipendien an etwa 90% der hauptberuflichen und daher notleidenden Schriftsteller, womit nebenher ein ängstliches, nur zu wenig (politischer) Aktivität fähiges und bereites Frührentnertum erzeugt wird, über das ebenso wie über die heimische Monopolstellung des Rundfunks noch zu reden sein wird.
Auch läßt sich nicht mal im glücklichen Österreich die Tatsache restlos verschleiern, daß die Verlage, wie überall, wo Konkurrenz herrscht, nur profitversprechende Manuskripte in höheren Auflagen (wenn überhaupt) drucken. Die neue Vereinbarung einiger österreichischer Verlage mit dem Mäzen Kulturamt, 1000 subventionierte Alibiexemplare junger Kunst zu drucken, bringt dem Verlag ein wenig Gewinn, den Gönnern Prestige und Legi-

timation, und bedeutet für den jungen oder sich jung gebenden Autor Heilsalbe auf die Blessuren, die er sich im (Konkurrenz-) Kampf aller gegen alle – nur nicht gegen die Auftraggeber – zugezogen hat.

Wie sind die Arbeitsbedingungen des österreichischen Autors, und welchen Forderungen und Behinderungen ist er ausgesetzt?

Wie schon gesagt, hat der Autor nicht das Recht auf einen Arbeitsplatz, einen Arbeitsraum bzw. eine Wohnung. Was dem bildenden Künstler seit Jahren zugebilligt wird – je nach Bekanntheitsgrad bekommt der Maler oder Bildhauer von der Gemeinde ein Prachtatelier im Prater oder ein Kammerl in Erdberg –, der Schriftsteller soll sehen, wo er bleibt und arbeitet. Die ganze Verachtung gegenüber intellektueller Arbeit schlägt einem entgegen, wenn man am Wohnungsamt zu hören bekommt, der Schriftsteller kann ja überall arbeiten. Wörtlich wurde mir einmal von einem Beamten gesagt, im Sommer im Park, im Winter im Kaffeehaus. Der Vogelfreie wird an die Luft oder ins Kaffeehaus gesetzt; geschieht ihm recht, wenn er einen so windigen Beruf hat.

Er hat aber nicht nur kein Recht auf einen Arbeitsplatz, sondern auch kein Recht, von seiner Arbeit zu leben. Hat er keinen Erfolg (was immer das sein mag und wie immer er zustandekommt) und produziert er z.B. eine schwierige, schwer verkäufliche Ware für einen kleinen Kundenkreis, so ist er gezwungen, einen zweiten Beruf zu haben, um sich die Ausübung des ersten leisten zu können. Bemerkenswert, daß man die Forderung nach nebenberuflicher Autorenschaft sowohl bei einheimischen KP-Genossen als auch bei strikt antikommunistischen Autoren (Avantgardisten) der alten idealistischen Schule findet. Bei den einen, weil sie vermeintliche Privilegien wie Preise und Stipendien, die den Autor immer noch nahe der Armutsgrenze halten, und die sie in sozialistischen Ländern als Fortschritt begrüßen, sobald sie als Brosamen vom Tisch der sozialdemokratischen Bürokratie fallen, abzulehnen sich verpflichtet glauben; bei den anderen, weil sie der Illusion verfallen, sich mit einem zweiten Beruf einen Freiraum erdient zu haben, in dem sie nun »frei« produzieren und sich fühlen können, als wären sie mit ihrer verringerten ökonomischen Marktabhängigkeit zugleich auch ihre Wünsche nach Geltung losgeworden, die sie weiterhin fest mit den ökonomischen Mechanismen der Verlage und der anderen Medien verknüpft bleiben lassen.

Die moralisierende Ablehnung des Autors mit bürgerlichem Nebenberuf gegenüber hauptberuflicher Autorenschaft verrät eher angstbindende Abwehr gegenüber einem gesamtgesellschaftlich verpönten Hungerleidertum, von dem er albträumt, ihm zugezählt zu werden.

Wenn aber der Autor nicht einmal selbst sein Tun als Beruf definieren mag – die Aufhebung eines kreativen Spezialistentums wäre gewiß die einzige richtige Forderung an zukünftige sozialistische Gesellschaften, nur bringt uns die ideologische Selbstentleibung des Autors in der momentanen geschichtlichen Situation diesem Ziel keinen Schritt näher –, dann muß er damit rechnen, daß sein Tun nicht als Arbeit angesehen wird, sondern als ein naturwüchsiges Singen, wie der Vogel singt, das daher rechtens keiner Honorierung bedarf. Er nimmt sich seinen gesellschaftlichen Standort.

Wie lebt der Autor?

Hat er Weib und Kinder, einen Farbfernseher, Gold im Mund und den Sparefroh im Herzen, oder ist er ein wilder Hirsch auf der Pirsch oder ein modischer Softie mit Hirn?

Würde eine gräßliche Vision wahr, und alle Schriftsteller von Österreich zögen in einen Wiener Gemeindebezirk oder doch in ein Viertel, Wand an Wand, wo nicht Wange an Wange, dann könnte jedermann sehen, daß sie sich gar nicht so exzentrisch verteilen und verhalten. Ich kenne rabiate Opas, linke Spießer, rechte Spießer, altmodische Steiger, junge Softies, Hascher, Trinker (viele, wie's eben der österreichischen Population entspricht), Freaks, Frauenhasser (viele) und Feministinnen, die allesamt großteils die (Subkultur-)Lokale bevölkern, wenn sie nicht am häuslichen, auf Sparflamme geschalteten Herd sitzen. Aber was sagt das, ich meine, der (österreichische) Autor ist nicht zu kennzeichnen durch seine Lebensgewohnheiten, son-

dern durch seine Arbeit, seine Marktabhängigkeit, durch seine Vereinzelung (der manche eben durch Ausgehen und Ausflippen zu entkommen suchen), seine einsame Arbeit, das geringe Feedback, seine den Prostituierten vergleichbaren Konkurrenzverhältnisse und den aus all dem resultierenden Neurosen und Wahnsinnsformen.

Mit Recht und gutem Grund sind viele so überempfindlich, labil und paranoid wie sie sind. Wie ein Vertreter muß der Autor seine Produkte anbieten und anzupreisen verstehen, in die Bundesländer reisen, soll Werbeveranstaltungen für seinen Verlag bestreiten, in tristen Gemeindesälen oder Gasthäusern vorlesen vor einem kleinen, geduldigen, aber nur am Unterhaltenwerden interessierten Publikum, die Honoratioren des Ortes samt seinen Einrichtungen würdigen, die Nacht hinterher mit oder ohne Valium in der Häßlichkeit ländlicher Gasthöfe verbringen und diesen Verlust von vierundzwanzig Stunden Lebens- und Arbeitszeit mit tausend Schilling großzügig honoriert finden und danken und nochmals danken. Soviel Selbstverleugnung wird nur der Prostituierten abverlangt, die ihre Kunden immerhin rascher loswird.

Wie sieht sich der österreichische Autor, und wie wird er gesehen? Schriftsteller in Österreich sind zwar nachweislich Bürger mit beschnittenen Rechten (wie gesagt: ohne Recht auf Arbeit und Arbeitsplatz), der Preis ihrer Arbeitsleistung ist nicht festgelegt, die Medien (z.B. der ORF, der im eigenen Lande nicht konkurrenziert wird) bestimmen einseitig die Abnahmebedingungen von Manuskripten und finden jederzeit Preisdrücker, ohne sie suchen zu müssen, und auch sonst kann von Solidarität nur bei einem winzigen Bruchteil von ihnen die Rede sein. Noch immer haben viele der aus engen kleinbürgerlichen Verhältnissen stammenden Autoren kein Bewußtsein von ihrer Situation; die ständig von Machtapparaten (Staat und Auftraggebern) Heruntergemachten befürchten nichts so sehr wie sozialistische Gleichmacherei. Anstatt sich an Strategien ihrer Kollegen in anderen Ländern zu orientieren, orientieren sie sich – wie die glücklose Laufstegkonkurrenz an der Miß Austria – an spekta-

kulär Erfolgreichen wie Handke und Bernhard. Diese werden ihnen ja auch ständig als ins Gesicht schlagender Beweis vorgeführt, wieviel in unserer Gesellschaft allemal mit Glück und Schönheit zu erreichen ist. Im glücklichen Österreich werden die im Ausland und mit ausländischem Geld aufgebauten (Marken-) Namen nachträglich als einheimisch reklamiert und in den Medien als Aushängeschilder der Nation vorgezeigt, ein Mechanismus, der nur hierzulande und unter den verworrenen Verhältnissen des Überbaus möglich ist.
Und welche Fluchtmöglichkeiten hat der österreichische Autor außer der genannten der Emigration sonst noch: Drogen, Suff, Wahnsinn und Selbstmord. Von allen wurde bereits reichlich Gebrauch gemacht.

FRIEDERIKE MAYRÖCKER

Tod durch Musen

(modell 9 / euterpe)

den reptilismus der musen
anzweifeln
archaisch verschleudern/tanzschritte
im »metropol«
petro-chemie mit purpurrotem kamm
rothaarig
braunrückig
purpurwangig
purpurfüszig
von rosen rot
abtasten/aufheben/straucheln
– zu sterben

tod durch musen

BARBARA ALMS

Nachwort

Was solche Texte wie die der Autorinnen *Bei*, *Gerstl*, *Jelinek*, *Kerschbaumer*, *Mayröcker*, *Pataki*, *Sadlon* und *Ujvary* in diesem Band hat zusammenkommen lassen, das ist ihre außerordentliche und befremdende Radikalität. Ihnen gemeinsam ist, daß sie die abgenutzten und lügnerischen Übereinkünfte der herrschenden gesellschaftlichen Wahrnehmung und des konformen Sprechens unterlaufen oder brechen. Im Gegensatz zu den Positionen eines ordentlichen Realismus und einer allzu genügsamen »Erfahrungsliteratur« gilt für sie, daß sich der Dissens zum Herrschenden auch in Konsequenzen für Sprache und Form ausdrückt – sei es in den zielgerichteten Angriffen und Brechungen *Jelineks* oder sei es in den der Verweigerung entstammenden Produktionen *Mayröckers* (um mit zwei gegensätzlichen Schreibstrategien zu beginnen). Fast alle Texte entstammen den letzten Jahren und lassen sich in der BRD nicht leicht aufspüren; auch einige Erstdrucke sind darunter.
Es sind Texte von Wiener Autorinnen, die älteste: *Friederike Mayröcker* 1924, die jüngste: *Magdalena Sadlon* 1956 geboren. Da wird der Blick auf das Land, die Gesellschaft, die kulturelle und literarische Tradition, aus der sie kommen, unumgänglich. Hier können nur ein paar Fragen entwickelt, ein paar Hinweise gegeben werden. Der Eigensinnigkeit der einzelnen Autorinnen und ihrer Schreibweisen suche ich Rechnung zu tragen, indem ich für die hier abgedruckten Texte eine Kurzbeschreibung ihrer Struktur (Oberfläche, Subjektbegriff, Verhältnis zu Geschichte und Realität, Sprachmuster), d.h. eine Skizze meiner Lesart, anzugeben versuche.
Denn hier wird kein Club gleichgerichteter Autorinnen vorgestellt, keine »Gruppe« und auch kein Verein zur Steigerung des narzißtischen oder Marktwerts. Die neun Schriftstellerinnen bilden in diesem Band und auch in Wien eine bunte und sehr lebendige Gesellschaft von Verschiedenartigen, von wechselnd

Befreundeten und Einzelgängerinnen, mit den üblichen Schwierigkeiten der Nähe und Distanz, aber auch mit einer bemerkenswerten Solidarität und »Freundschaftskultur« *(Neda Bei)*. Literatur entsteht ja nicht in einem leeren Raum und ist deshalb auch nie nur das Produkt eines Individuums. Neben der kulturellen Tradition und dem gesellschaftlichen Umfeld spielen Ermutigung und Unterstützung durch andere – und sei es durch das gelebte Beispiel der Existenz als Schriftstellerin – eine wichtige Rolle. Solche freundschaftlichen und ästhetischen Bezüge thematisiert explizit *Beis* Text »gott & tot« in den vielfältigen Widmungen.

Eine punktuelle Gemeinsamkeit bietet etwa die Alte Schmiede, das »Literarische Quartier« Wiens in der Schönlaterngasse, wenn *Elfriede Gerstl* im März 1985 Autorinnen einlädt, über Autorinnen zu sprechen, und *Kerschbaumer*, *Jelinek* und *Ujvary* sich dann mit Beiträgen beteiligen.[1] Fast alle Autorinnen experimentieren oder experimentierten mit Formen gemeinsamer Produktion; ein im Entstehungsprozeß ins Stocken geratenes Beispiel *(Bei/Jelinek)* findet sich in diesem Band. Auch die hier reproduzierten Fotoarbeiten *Ujvarys* (Fotos von *Sadlon* und *Bei*) dokumentieren Nähen. Reflektierende Äußerungen zu den Texten von anderen, etwa *Ujvarys* zu *Mayröcker*[2] und *Kerschbaumers* zu *Jelinek*[3], werfen nicht nur ein Licht auf die Texte der anderen Schriftstellerin, sondern auch auf das ästhetische Selbstverständnis. Es sei angemerkt, daß vor allem Mayröcker und Ujvary vielfältige Formen der Zusammenarbeit auch mit anderen, etwa mit Bodo Hell, pflegen.

Gemeinsam zu produzieren oder gemeinsame Produkte vorzustellen und damit die Grenzen der ideologiebesetzten Autorindividualität durchlässig zu machen, ist nichts Neues und dennoch innerhalb der herrschenden kulturellen Praxis die Ausnahme, auch tauschwertmindernd. Den Verstoß gegen das Bild der genialen Einzelpersönlichkeit haben schon die Romantiker und dann die avantgardistischen Bewegungen des 20. Jahrhunderts praktiziert; in deren Tradition, aber mit den verschärften Erfahrungen gegen Ende dieses Jahrhunderts, stehen die Autorinnen.

So wie sie den Umgang mit sprachlichem Material, wie er mit der gemeinsamen Produktion verbunden ist, für sich in Anspruch nehmen, so reiht sich dieses Verfahren eher beiläufig ein in die Zahl der übrigen Abweichungen von den Regeln der Alltagssprachen und der künstlerischen Gattungen.
Da gibt es Abweichungen von der Norm der Schriftzeichen durch Kleinschreibung oder durch Benutzung von Versalien im laufenden Text; da tauchen ungewohnte Gliederungszeichen wie der Schrägstrich auf, oder Punkt und Komma werden ungewöhnlich benutzt; da werden die Laute manipuliert und konstituieren neue Bedeutungszusammenhänge; da gibt es semantische, lexikalische und syntaktische Besonderheiten. Die festgelegten Bedeutungen werden verfremdet, gebrochen und entmythologisiert in Formen wie der Persiflage, durch Montage, Ironie und Sarkasmus. Klang und Rhythmus, Reim und Assonanz, die Echosprache und syntaktischer Parallelismus geben den Texten eine musikalische körperliche Qualität: Wunsch, Lust, Wut und Angst finden darin einen poetischen Ausdruck.
Wie es kaum je Schriftstellerinnen in der Geschichte der Literatur taten (Gertrude Stein die unvergleichliche Ausnahme, aber auch, z.B., Nathalie Sarraute, auch, im bundesdeutschen Raum, Ginka Steinwachs), verstehen die Wiener Autorinnen das sprachliche Produzieren als Dekonstruktion und Neukonstruktion und tun damit einen Griff nach der Macht der Benennung, von deren Ordnung die Frauen traditionell ausgeschlossen sind und der gegenüber sie meist ohnmächtig und als Objekt verharrten. Auch in den klassisch gewordenen Avantgarden, bei den Expressionisten, Dadaisten, Surrealisten und den italienischen Konstruktivisten spielen Frauen keine oder (in Italien) eine geringe Rolle. Die französischen Surrealisten, die für die österreichische avantgardistische Rezeption nach 1945 eine zentrale Bedeutung haben, waren eine männliche Gruppierung, die die Frau »cachée« imaginierten, wie es ein Gruppenportrait von 1929 mit René Magrittes Bild einer unbekleideten Frau in der Mitte demonstriert. Ähnliches gilt auch für die »Wiener Gruppe« von ihren ersten Gründungen (1946) bis zu ihrem

Ende[4] – wenn auch in den 50er Jahren punktuell und sehr am Rande der Diskussionen, Gründungsereignisse und gemeinschaftlichen Auftritte Friederike *Mayröcker* als Autorin auftaucht.

Die vorliegenden Texte sind nicht denkbar ohne den starken Strang der spezifisch österreichischen Tradition von Sprachreflexion und Sprachkritik, wie sie die Arbeiten von Karl Kraus, Polgar, Wittgenstein, Schnitzler, Hofmannsthal, Horváth u. a. zeigen. Das waren Nicht-Einverstandene, Skeptiker, Nörgler, Hellseher und Pessimisten, die sich in einer Situation geschichtlicher Aussichtslosigkeit verstanden, unfähig, in die gesellschaftlichen Prozesse verändernd einzugreifen. Der Untergang der österreichisch-ungarischen Monarchie brachte eine Gestalt resignierender und kompensierender Vernunft hervor, die sich von der Möglichkeit des Handelns zurückzieht, zurückgedrängt wird ins Persönliche und in die – wenn auch radikale – sprachliche Kritik der Konsense: »Warum wurde mir nicht die Körperkraft, die Sünde dieses Planeten mit einem Axthieb umzulegen?« (Karl Kraus).[5] Die mit der Axtmetapher verbundene Phantasie der Zerstörung sowie die von Kraus ausgebildete Form der Satire hat *Jelinek* – politisch geschärft – für sich in Anspruch genommen. Nicht zu unterschätzen ist der Einfluß der »Wiener Gruppe« und der »Konkreten Poesie«. Je miefiger die gesellschaftliche Luft, je selbstherrlicher verhärtet das herrschende Bewußtsein, je entfremdeter es der eigenen Vergangenheit und Gegenwart gegenübersteht – desto extremer scheint der Widerspruch im künstlerischen Medium, in der Sprache: die poetische Revolte erscheint aber in der Ambivalenz, an die Stelle tatsächlicher gesellschaftlicher Veränderung zu treten und sich damit in der Sprache zu beruhigen.

Keine der Autorinnen, die nicht die avancierten Techniken der sprachkritischen Vorgänger benutzte – jetzt aber nicht mehr mit der Vorstellung einer losgelösten Sprachwelt (die »Konkrete Poesie« stellte sich die Sprache als Material ohne Subjektivität vor), sondern mit der Zielrichtung, die Sprache für Wirklichkeitserfahrung zu öffnen, subjektive Erfahrung – auch wenn oder gerade weil der Ort des Subjekts immer ungewisser ist – der Sprache einzudrücken.

Es hieße, die Radikalität und den unbegrenzten Anspruch auf sprachlichen Ausdruck zu unterschätzen, wenn die Texte in eine Etikettierung gepreßt würden wie die des »weiblichen Schreibens«. Keine der Autorinnen ließe sich in dieses Ghetto einsperren, in dem bestimmte stilistische Merkmale dogmatisch mit der Literatur von Frauen verbunden werden. Darüber hinaus hat die Diskussion um spezifisch weibliche Schreibweisen Tendenzen ausgelöst, die – trotz aller Vorsichtserklärungen – das Geschlechtliche und Biologische hypostasieren (»das« Weibliche, »die« Frau usw.) und das Schreiben von Autorinnen in engen Frauenräumen (mit den Eintrittsformeln des »Körpers« und der »Empfindsamkeit«, uralten weiblichen Zuschreibungen) einzuschließen drohen. Weder *Kerschbaumer* noch *Pataki* noch *Ujvary* schreiben »weiblich«; noch schreibt eine der Autorinnen »männlich«. Ihre offensive Anstrengung, Bewußtsein zu analysieren und der gegenwärtigen Erfahrung eine Sprache zu geben, schließt allerdings – mit unterschiedlicher Direktheit geäußerte – politische Interpretationen ein. Dazu gehört – als Ausdruck zeitgenössischer Widersprüche – eine feministische Sichtweise. Ebenso wie eine Sichtweise, die das Zerstörungssystem der spätkapitalistischen Gesellschaft bis in ihre unbewußten und verdrängten Bereiche zu vergegenwärtigen ermöglicht.

Die ästhetische Radikalität ist sicher auch im Kontext der politischen und kulturellen Situation Österreichs zu befragen. Wie die Reaktion der Wiener Boulevardpresse auf *Jelineks* Theaterstück »Burgtheater« (nicht einmal in Wien, sondern in Bonn uraufgeführt) Ende 1985 beispielhaft zeigt: eine auch persönlich diffamierende Hetzkampagne, die den Faschismus weiterhin verdrängt wissen will, gibt es immer noch ein reaktionäres politisches und kulturelles Klima, das aus dem Wiederanknüpfen an konservativen Strömungen nach dem Zweiten Weltkrieg und der einzigartigen sozioökonomischen Konstellation lebt; Sozialpartnerschaft mit einer Verstaatlichung der wichtigen Grundindustrien, die die Voraussetznung einer bis heute fast konfliktlosen politischen »Windstille« bildet, kaum Streiks, auch jetzt nicht, da die Sozialpartnerschaft bricht; dafür aber die starken Kräfte der »Freunderl- und Parteibuchwirtschaft«. Satire, Polemik und Wuttiraden sowie der Versuch, dem Verdrängten in der scheinhaften und gewalttätigen Saturierung zur Sprache zu verhelfen, lassen sich als Momente des komplexen Prozesses von »Angriff, Aneignung, Zerstörung und Aufbau«, als »Vorstoß hin zu den subjektiven und gesellschaftlichen Grenzen«[6] lesen.

Erträumtes Kontinuum von Erfahrung und Sprache (Friederike Mayröcker)

»Mit den Augen nach innen schauen, den inneren mit dem äußeren Dialog zu verknüpfen suchen, so jagen die Bilder in meinem Kopf...«[7] Friederike Mayröckers Ästhetik nähert sich seit Anfang der 70er Jahre, nach der Absage ans rein Experimentelle, in immer neuen Anläufen dem Bild einer nicht mehr in Subjekt und Objekt gespaltenen Welt, dem Gegenbild zu den Trennungen, die die neuzeitliche Gesellschaft allen Individuen aufzwingt. In ihrem Schreiben verkörpert sich ein ortloses Subjekt, das die herrschenden Vorstellungen über Wirklichkeit, Chronologie, Identität und Kausalität negiert und das Herrschaftsansprüche und Herrschaftswirklichkeit zu unterlaufen sucht. Das grammatische »ich« dient nur noch als Klammer für die Heterogenität der Erfahrung: »Weil ich in der ersten Person spreche, heißt das noch lange nicht, daß alles mit mir identisch ist, das bin nicht ich das ist ein Bild von mir, ich bin davongeschwommen..«[8]. Verstandeskontrolle und Willensabsicht, den Stützpunkten der Realität im Innen, wird der Boden entzogen.

In den neueren Prosatexten »kleines Öl« und »wienumschlungen« liegen zwei unterschiedliche Ausprägungen der Schreibarbeit Mayröckers vor. »kleines Öl« folgt, in langen, die Assoziationen verknüpfenden Sätzen, traumhaft spielerisch den Bildern und Bändern der Erinnerung. Noch einmal, als Teil des Gegenwärtigen, ein Rückgang in die Kindheit: Hier findet Mayröcker die für ihr Schreiben grundlegenden Strukturen. Sie findet sich ineins »als kleiner Körper als kleiner Geist«, maltraitiert vom Außen, in den Traditionen der von Herrschaft Überwältigten (»AFRIKA«, »Goyas Todgeweihte im Jupiterkarren«, »folgsam« usw.). Der Körper erscheint als Ort des Lebendigen und also auch des Schreibens. In ihm prägen sich die vielen Identitäten aus, sein Ausdruck vagiert zwischen dem Männlichen und Weiblichen, zwischen Mensch und Tier und dem Dinglichen, und in ihm überleben die Erfahrungen aller Geschlechter: »mein Körper, mein Merzbau«. Mit dieser Anspielung auf das Kunst- und Lebenswerk von Schwitters schließt sie sich ausdrücklich den avantgardistischen Bestrebungen an: Es geht ihr um die – nie zu erreichende – Einheit von Kunst und Leben, »Ästhetik und Humanität«. Der Text »wienumschlungen« thematisiert dagegen sehr deutlich die Abspaltungen, die die Angst erzeugt. Die Widersprüche zwischen dem »Trivialen« und dem »Wunderbaren« benennt Mayröcker in ihren gegenwärtigen Texten immer konkreter. Die Sprachlosigkeit, die aus der Erfahrung kommt, in dieser Kultur selbst das Verdrängte zu sein, erscheint als ein wichtiger Motor der Schreibarbeit Mayröckers.

»grüssen, gehen, stehen« (Elfriede Gerstl)

Das ist der Rhythmus der Ruhelosigkeit, der diejenigen befällt, die nicht wissen, worauf sie warten, und die nicht finden, was sie suchen, die aus den vorgesehenen Mustern Gefallenen, die Einsamen, denen die Klausur in den Familien Schrecken einjagt und die durch die Kneipen und Städte wandern. Alfred Polgar hat in seiner »Theorie des Café Central« das Kaffeehaus als »eine Art Organisation der Desorganisierten«[9] bezeichnet. Das zersplitterte Subjekt, unfähig, sich auf ein Objekt zu konzentrieren, findet im Tumult der Kneipen kurze Entlastung vom Druck der Angst, die die gesellschaftliche Zerstörung in ihm erzeugt hat.

Schon in den »Spielräumen«, entstanden 1968/69, teils noch

während des Aufenthalts der Autorin in Berlin, lange Jahre unveröffentlicht, stellte Elfriede Gerstl ein weibliches Ich vor, das sich in den herrschenden Ordnungen nicht einrichten kann und will. Widersprüchlich, aufbegehrend, ironisch und mit Witz verhält sich die Hauptfigur Grit quer zu den gängigen Verhaltensweisen und Moden der subkulturellen und literarischen Szenen – ohne selbst die »bornierte Überzeugtheit« von eigener Bedeutung zu haben. Auch der neue Text »grüssen, gehen, stehen« lebt aus dem Rhythmus der wechselnden, ironisch gebrochenen Beobachtungen, Reflexionen, Ausrufe und Sprachfetzen. Er führt in die melancholische Welt der »Randgruppler und Adabeis«, der Kulturproduzierenden und Kulturwärter, all derer, die an absurder Entfremdung leiden: eine geblockte, bei aller Bewegung unbewegliche Welt. Was im bunten Gewand seiner regionalen Besonderheit erscheint, das Gewirr der kleinen Gassen, der Treffpunkte und Geschäfte, deren Namen dem fremden Ohr zu Exotismen kodiert sind, skurril und grotesk, befindet sich »im Herzen Europas«; die vergebliche Suche nach Ort, Wohnung, Identität liest sich als Ausdruck eines allgemeinen Zustands von Desorientierung und Entmächtigung.

Auf den Spuren des Verdrängten (Marie-Thérèse Kerschbaumer)

Was bisher die literarische Arbeit Kerschbaumers kennzeichnete, die Anstrengung, der verdrängten Geschichte auf die Spur zu kommen, unterliegt gegenwärtig offensichtlich einem Wandel oder erfährt eine weitgehende Bereicherung. Ihr Text »Aloe, o Aloe« eignet sich das Begehren an, folgt seinen Strömen, seinen sich wandelnden Formen, der Tarnung und Enttarnung. Der hohe lyrische Ton, der rhythmische Charakter, die musikalischen Anklänge, Gleichklänge und Verschiebungen (»Fallust Fallatio Fell um Fell«) geben einem intensiven und fordernden Begehren Ausdruck, das mit den Geschlechtsgrenzen auch sprachliche Grenzziehungen verschiebt. Die Aloe ist eine Pflan-

zengattung der heißen Gegenden, mit dolchförmigen (phallusartigen) Blättern, grammatisch weiblich.
Der Verdrängung, einer weitverbreiteten, nicht nur individuellen, sondern auch kollektiven Gewohnheit, setzt Marie-Thérèse Kerschbaumer ihre Schreibarbeit entgegen. Gegen das Vergessen, die Verfremdung der eigenen Gegenwart durch Berührungstabus und Entwirklichung erinnert sie im Roman »Der Schwimmer« (aus dessen Umkreis der Text stammt »wovon träumt aber der kranke general«) an Unterdrückung und Vernichtung während der Franco-Zeit. Wie in ihren späteren Arbeiten, die vor allem um die verdrängte Geschichte der Frauen kreisen, macht sie Ernst mit der theoretischen, politischen und ästhetischen Einsicht, daß der Prozeß des Erinnerns nicht die Sache eines Individuums sein kann, sondern ein vielfältiges Sprechen verschiedener codes verlangt (R. Jakobsons Modell der Sprechakte hat Kerschbaumers Schreiben geprägt): das Sprechen verschiedener Personen wie auch das Sprechen der vielstimmigen Identität der einzelnen. Die Perspektive ihres Erzählens ist die der Unterdrückten, der Verrückten, der Widerstehenden und Leidenden; mit dieser Solidarität bricht sie entschieden die Gleich-Gültigkeit jeder überlebten avantgardistischen Formdiskussion. Sie, die »bis zum Äußersten« zu gehen versucht, entwickelt neue Formen, die »Schweigemauern« einzureißen, an denen auch die Frauen als »Komplizinnen« der Macht mitbauen.[10]

Protokollsätze zwischen Nacht und Tag (Liesl Ujvary)

Die Texte aus ihrer Veröffentlichung »sicher & gut« zeigen Liesl Ujvary bei der sprachanalytischen Arbeit: die konstatierenden Sätze protokollieren, was als Realität erscheint, mit Hilfe der herrschenden Etikettierungen, Begriffe, Redewendungen, der Ausreden und des Geschwätzes. Die Teilnahme mimend (und tatsächlich ja immer Teil dieser Realität), präsentiert sie, »was die Welt zusammenhält«. Wo aber ist sie selbst, die ein Ich mimt?

Ihr Ort wird sekundär oder negativ erkennbar als Modalität, die stört und öffnet. Diese Ambivalenz unseres Alltagslebens zwischen Einverständnis und Widerspruch führt in »Tiere. Ein Kapitel aus der Traumarbeit« wie schon in ihrem Buch »Schöne Stunden« zu der Konsequenz, daß die beiden Ebenen sprachlich und inhaltlich auseinandertreten. Auf der Traumebene (hier erscheinen ihr das Verdrängte und der Widerspruch) macht sie deutliche Bilder des Unbewußten und Vorbewußten fest, deutliche und starke Gefühle wie Angst, Freundschaft und Liebe; auf der Tagebene finden sich reflektierende Passagen, zögernde Formulierungen, Umgangssprachliches, Fragen, Mangelgefühle. Die beiden Ebenen, Teile der allgegenwärtigen Schizophrenie, beleuchten und erhalten sich gegenseitig. Das Verfahren hat nur geringe Ähnlichkeit mit der Traumarbeit Freuds; die Träume werden nicht psychoanalytisch übersetzt, sondern in ihrer unreglementierten Bildersprache belassen. So schwankt der Text zwischen der Nähe zum Verdrängten und der Teilnahme am Verdrängen, erhält seine Kraft aber aus dem Verdrängten: »Und doch, es gilt, ihren fixierten Blick zu verwirren, bis dass der helle Tag vom Rauschen der Nacht erfüllt ist.«

»und die sprache hängt in fetzi« (Heidi Pataki)

Worauf sie blickt, Heidi Pataki, das sind die Reste einer Kultur, das ist eine Welt in Fetzen, vollgestellt durch sinnlose Waren, durch die mörderischen Produkte eines betäubenden Betriebs; das ist Zusammenhanglosigkeit, Wesenlosigkeit, die durch die Anspielung auf Gryphius' »Vanitas! Vanitatum vanitas!« in dem Gedicht »Verbannung« benannt wird. In dieser Welt ist alles kaputt, die Worte und die Liebe; die Bombe und die Waren triumphieren, das Bewußtsein hängt voll des Medienmülls. Schon mit den »Elf Thesen über Lyrik« zu ihrem Gedichtband »schlagzeilen« (1968) hatte Heidi Pataki dem Verklären privater Gefühle im Gedicht mit kalter Ironie abgesagt, Individualismus und Originalität für zerschlissene Klamotten erklärt. In ihren

Gedichten sammelt sie die schwirrenden Fetzen von Zusammenhängen und Sinnstrukturen; Formen, Rhythmen, der Wortschatz der Tradition scheinen durch, werden ironisch zitiert (Artusepik, Goethe, Nietzsche, v. Gilm etc.), spielerisch benutzt, persifliert und verfremdet. Wie Jelinek bietet Pataki keinen Fluchtort des Heilen, jedenfalls nicht in den Gedichten. Die spielerische Montage, so schreibt Pataki jedoch in einer reflektierenden Passage 1985, suche ein unbeschreibbar Anderes: »im grunde suchen wir alle nach einer verschollenen sprache, vielleicht deutsch, gesprochen vor tausend jahren; so knurrend, so hart, so rauh, um dem aalglatten surrealismus von umgangs- und fernsehsprache paroli zu bieten. glossolalie! mürrisch, oder in ekstase.«

Radikale Ästhetik der Entfremdung (Elfriede Jelinek)

In dem Text »Der Wald« geht es wie in der dreiteiligen Prosa »Oh Wildnis, oh Schutz vor ihr« um den mythisch-ideologisch überhöhten Komplex »Natur«. Entmystifiziert wird das gegenwärtige ökologische oder touristische Sehnsuchtsbild, das doch schon im Entwurf der Romantiker Kompensationscharakter hatte – in der Funktion, der beginnenden Herrschaft der Industrie das Wilde oder Rein-Anfängliche als utopisches Gegenbild entgegenzusetzen. Jelinek führt vor, wie die inzwischen vom utopischen Gehalt entleerte Sehnsucht (»Wald, schöner Wald, und auch du, wunderbare Tankstelle«) sich glänzend mit Naturbeherrschung, ihrer umstandslosen Benutzung und Ausbeutung durch Waldbesitzer, Holzarbeiter und kleinbürgerliche Waldurlauber verträgt. Die Sprache vergegenwärtigt keine ganzen Personen, sondern diese als Teile eines vielfach verflochtenen Systems von Vorurteilen und gewalttätigen Lebensmustern. Unauffällig fügen sich da auch faschistoide Diskursteile (»diese Geburtenfehler und Geldempfänger«) ein. Wer spricht da? Wer ist dieses »ich«, das in wechselnde Richtungen (mit den Anreden »du«, »Sie«), von wechselnden Orten, in immer neuen, immer wieder zerfallenden Assoziationen die verordneten Bedeutungen der Realität inszeniert und persiflierend verwirrt? Jelinek führt ein Bewußtsein vor, das alle Klischees aufgesogen hat und den Irrsinn, vermischt mit folgenloser Selbst- und Welterkenntnis, widersprüchlich in einem scheinbar zusammenhanglosen Wirbel – von der Autorin satirisch überzogen, mit Witz überspitzt, zur Kenntlichkeit manipuliert – aus sich herausstößt. Historisch-materialistisch in der Analyse, aber ohne die geringsten Anlässe zu Fortschrittsoptimismus zu finden, montiert Jelinek die objektivierenden (berechnenden, verfügenden, vergewaltigenden) Sprech- und Denkweisen mitsamt den harmonisierenden Alltagslügen, mit denen Leben simuliert wird. Im Unterschied zu ihren großen Prosaarbeiten erzählt sie hier keine Geschichte; sie präsentiert den Text als Studie herrschenden Bewußtseins mit vielen Stimmen. Auf die wahnwitzige »Pornographie«, in der sich die Bewegungen der Begierde, des Tauschs und der Sprache ketzerisch miteinander verschränken, kann hier nur hingewiesen werden.

Jelineks Arbeiten provozieren derart, daß ihnen immer wieder – bewundernd oder verurteilend – »das Böse« nachgesagt wird. »Das Böse«, moralisch und metaphysisch überhöht, ist eine Metapher für die Energie der Aggression, mit der Jelinek dem »Normalen« begegnet, und für die Häresie, mit der sie die scheinbar unbewegliche Realität angeht: daß die Fetzen fliegen. Das »Böse« ist die Absage an jede Versöhnung im Gegenwärtigen. Emily, Wiedergängerin in »Krankheit oder Moderne Frauen«, spricht es so aus: »Wenn ein Wesen wie ich gut wäre, was für Ströme könnten von ihm ausgehen!«

Verrücktheit des Gewöhnlichen (Katharina Riese)

Katharina Riese, die bisher erst wenige Prosaarbeiten veröffentlicht hat (»Autonomiefetischistin« sagt sie ironisch von sich im Blick auf ihre Anstrengungen, das Leben und Schreiben selbst abzusichern durch verschiedene »Brotberufe«), löst ihre

Schreibweise erst neuerdings aus dem vertrauten Zusammenhang der sprachlichen Muster; sie beschreibt und erzählt, als wolle sie, wie verbürgt, die Illusion der insgesamt funktionierenden Wirklichkeit erzeugen, mit anschaulichen Attributen und in linearer Abfolge. Also Literatur zum Wiedererkennen? Doch die sprachlichen Muster täuschen wie die illusionären Oberflächen des Alltags, die plötzlich ins irritierend Außerordentliche verrutschen; die Identität des Ich gleitet aus, wenn eine Taube zur Partnerin und zur Projektionsfigur wird. Erst in »Kalte Krieger« verfährt sie anders. Der neue Prosatext ist eine Montage von Alltagsbeobachtungen, Nachrichtenfetzen, den Zynismen und dem leeren Sprachrauschen der Medien: die Wirklichkeit im spätkapitalistischen Zustand der Zerstörung.

Spiele der Subjektivität (Neda Bei)

Neda Beis Text »GOTT & TOT« kommt wie eine Geschichte daher, mit einer Hauptfigur, mit Zwischenüberschriften und Resumés wie ein Fortsetzungsroman, Handlung, die zu einem Ende, dem Tod der Hauptperson, führt, aber, so stellt sich heraus, das ist ein Spiel: der Text entpuppt sich als Persiflage des Geschichtenerzählens, die Zwischenüberschriften strahlen (und verglühen) in sich selbst oder stehen in nur losem Zusammenhang mit dem Folgenden, die Hauptfigur Poldi vagiert zwischen den Geschlechtern (ein »es«, eine »sie« und ein »er«), ein ganz bewegliches »metamorf«, zwiespältig und mehr in der vielfältig gespaltenen Welt. Der Gesamttext ist – nach romantischem Modell das Autorsubjekt zerstörend – in den hilflos-lächerlichen Gerüsten der Wissenschaft aufgehängt, eine Persiflage der wissenschaftlichen Rituale. Die Lust treibt Poldi hierhin und dahin, es ist ein zielgerichtetes Sich-Verirren in den Sehnsüchten, der Liebe und den Trieben, ohne Beruhigung. Dabei gerät die subjektive Welt Poldis, die sich am Anfang von der Wissenschaft distanziert hat, am Ende auf komische Weise wieder in deren Verfügung: zur Bestandsaufnahme der auseinandergebrochenen

Ordnungen, ohne daß aber durch die »morphologin dora penzenberger« oder die »penzenberger-foundation« eine Einordnung des Nachlasses möglich wäre.
Wie Hofmannsthal in seinen »Aufzeichnungen« notierte, die Tiefe müsse man an der Oberfläche verstecken, so setzt Neda Bei aus den Oberflächenphänomenen, Fetzen von Liedtexten, Dialogen, Alltagsreden, innerem Monolog, Kommentaren, berichtenden Sätzen, den Zitaten aus Comics, religiöser, belletristischer und philosophischer Literatur ein flimmerndes, witzig-ironisches Bild der Lüste zusammen: eine Welt voll geheimer Nischen und nur von Eingeweihten entzifferbarer Anspielungen: »die swarze seitung! fürstlike gnade! alles 'ier ge'eim gesrieben! nur für 'ohe persönlikeite!«

Verborgene Sätze (Magdalena Sadlon)

In den Anagrammen Magdalena Sadlons wirkt das Vorbild Unica Zürns nach, aber auch die weiterreichende Tradition des »irregulären« Europa und seiner »dämonenumwitterten Nachtseite«[11], die vor allem im Barock, in der Romantik und im Surrealismus Ausdruck gefunden hat. Anagramme, obwohl hochgradig artifiziell, sind von subjektiver Absichtslosigkeit; das Ich der Realität, verstandesbestimmt und willensgesteuert, wird durch den Zwang des sprachlichen Materials zurückgedrängt. Anagramme folgen der Grundidee der Kabbalistik, daß Zeichen und Bezeichnetes in einer magischen Entsprechung stehen, so daß auch die scheinbar zufällige Ansammlung von Buchstaben in einem Satz vielfältige verborgene Sätze und Bedeutungen in sich trägt. So arbeitet und spielt Sadlon mit sprachlichem Material, das aus der bekannten Welt stammt, und entlockt ihm Satzfetzen und Sätze, die auf die in ihm verborgene Welt weisen.
Sie haben den Spielcharakter noch an sich, die rätselhaften Sätze und geheimnisvollen Bilder Sadlons, die sich niemals ganz in die gängigen Diskurse auflösen lassen. Der Traumlogik verwandt,

entsteht eine Kombinatorik von Zensurmaßnahmen der Gesetze und den immer wiederkehrenden Erfahrungen der Trauer, der Vergeblichkeit, des Endes.

Anmerkungen

1 Elfriede Gerstl (Hrsg.): eine frau ist eine frau ist eine frau. Autorinnen über Autorinnen. Wien 1985
2 Liesl Ujvary: Gedicht als Lebensform. In: Siegfried J. Schmidt (Hrsg.): Friederike Mayröcker. suhrkamp taschenbuch materialien. Frankfurt/M. 1984
3 Marie-Thérèse Kerschbaumer: Wiener Vorlesungen zur Literatur. In: Wespennest 63, Wien 1986
4 Gerhard Rühm (Hrsg.): Die Wiener Gruppe. Achleitner, Artmann, Bayer, Rühm, Wiener. Texte – Gemeinschaftsarbeiten – Aktionen. Reinbek 1967/85
5 Karl Kraus: Die letzten Tage der Menschheit. Materialien und Kommentare. Ausgew. Werke Bd 5/2. Berlin (Ost) 1978, S. 251
6 Julia Kristeva: Die Revolution der poetischen Sprache. Franfurt/M. 1978, S. 30, 31
7 Friederike Mayröcker: Das Herzzerreißende der Dinge. Frankfurt/M. 1985, S. 159
8 a. a. O., S. 85
9 Alfred Polgar: Kleine Schriften. Bd 4 Literatur. Hrsg. von Marcel Reich-Ranicki in Zusammenarbeit mit Ulrich Weinzierl. Reinbek 1984, S. 256
10 Marie-Thérèse Kerschbaumer: Schwestern. München 1985, S. 82
11 Gustav René Hocke: Manierismus in der Literatur. Sprach-Alchimie und esoterische Kombinationskunst. Reinbek 1959, S. 7

Biografisches, Textnachweise, Fotografien

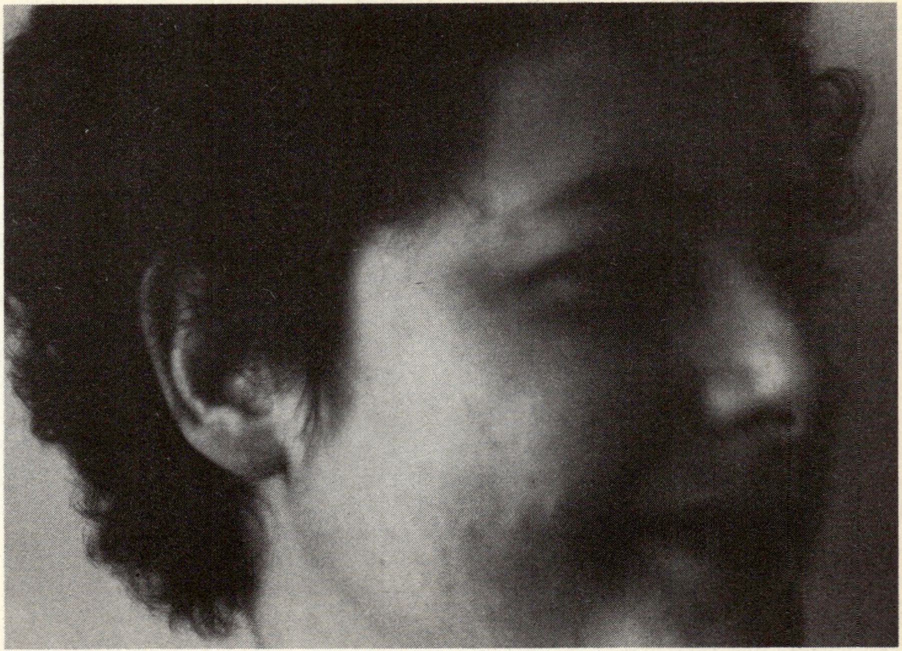

Foto: Liesl Ujvary

NEDA BEI geb. 1952 in Wien, Studium der Rechtswissenschaft und Kunstgeschichte, promoviert, schreibt seit 1981 experimentelle Texte. Veröffentlichungen in Zeitschriften. Mitautorin des Buchs »Das ewige Klischee. Zum Rollenbild und Selbstverständnis bei Männern und Frauen« (1981).
»gott & tot« in: »Die Schwarze Botin« 27, 28, 29, 1985; »phallus (P)« in: »Die schwarze Botin« 29, 1985; »Marginalie«, Erstdruck.

Foto: Heidi Helde

ELFRIEDE GERSTL geb. 1932 in Wien, als Jüdin verfolgt, überlebte versteckt, studierte einige Semester Medizin und Psychologie, 1964–68 Aufenthalt in Berlin, lebt im 1. Bezirk Wiens und dort weitgehend vom Klamottenhandel. Buchveröffentlichungen: »Gesellschaftsspiele mit mir«, Gedichte (1962), »Spielräume« (1977); »wiener mischung. texte aus vielen jahren« (1982); »VOR DER ANKUNFT. auf reisen entstandene gedichte« (1986); dazu Herausgeberin des Bandes »eine frau ist eine frau ist eine frau ... Autorinnen über Autorinnen« (1985).
»grüssen, gehen, stehen« in veränderter Fassung in: »protokolle« 1/1986; »ratschläge für einen literaten«, »Balance – Balance« in: »VOR DER ANKUNFT« (1986); »guten morgen – guten morgen« und »konkrete poeten und die es einmal waren«, Erstdrucke; »Begrüßung des Publikums«, »freunde«, »das weite feld des wohnens«, »in der sprache wohnen«, »Zustandsbilder«, »bussi bussi oder ein silvester in wien« in: »wiener mischung« (1982); »Schriftsteller in Österreich. Die dünkelhaften Bürger mit den beschnittenen Rechten« in: »Narren & Funktionäre. Aufsätze zum Kulturbetrieb«. Die neue Literatur (Wien 1980).

Foto: Sepp Dreissinger

ELFRIEDE JELINEK geb. 1946 in Mürzzuschlag/Steiermark, aufgewachsen in Wien, studierte Orgel, Klavier und Komposition, Theaterwissenschaft und Kunstgeschichte, lebt in Wien (und München). Mit ihren Theaterstücken gelingt es ihr regelmäßig, Ärgernis auszulösen; die österreichische Boulevardpresse hat sich anläßlich »Burgtheater« in einer auch persönlich diffamierenden Hetzkampagne geübt. Buchveröffentlichungen und Theaterstücke: »Lisas Schatten«, Gedichte (1967); »wir sind lockvögel baby!« (1970); »Michael. Ein Jugendbuch für die Infantilgesellschaft« (1972); »Die Liebhaberinnen. Roman« (1975); »Was geschah, nachdem Nora ihren Mann verlassen hatte oder Stützen der Gesellschaft« (1977); »bukolit. hörroman« (1979); »Die Ausgesperrten. Roman« (1980); »ende. gedichte 1966–1968« (1980); »Clara S. Musikalische Tragödie« (1982); »Die Klavierspielerin. Roman« (1983); »Burgtheater« (1984); »Krankheit oder Moderne Frauen. wie ein stück« (1984, Februar 1987 in Bonn uraufgeführt); »Oh Wildnis, oh Schutz vor ihr. Prosa« (1985). Dazu Hörspiele, Essays, Übersetzungen (u.a. von Thomas Pynchon).
»Der Wald« in: »manuskripte« 89/90 (1985); »Elfriede Jelinek im Gespräch« aus: Interview mit Elfriede Jelinek, geführt von Barbara Alms. RB 11, 2. 1. 1986; »In den Waldheimen und auf den Haidern«. Rede zur Verleihung des Heinrich-Böll-Preises in Köln am 2. 12. 1986, in: Die Zeit 50, 5. 12. 1986; »Phallus (H)« in: »Die schwarze Botin« 29, 1985/86; »Bild und Frau« in: Thomas Ziehe/Eberhard Knödler-Bunte (Hrsg.), »Der sexuelle Körper« (1984); »Begierde & Fahrerlaubnis« in »manuskripte« 93, 1986.

Foto: Renate von Mangoldt

MARIE-THÉRÈSE KERSCHBAUMER geb. 1936 in Garches bei Paris, Tochter einer österreichischen Mutter und eines spanischen Vaters, aufgewachsen in Tirol, arbeitete in England und Italien, lebt seit 1957 in Wien; Abendmatura, Studium der Romanistik und Germanistik, Stipendien in Rumänien und Italien, promoviert 1973, seither »freie« Schriftstellerin. Buchveröffentlichungen: »Gedichte« (Bukarest 1970); »Der Schwimmer. Roman« (1976); »Der weibliche Name des Widerstands. Sieben Berichte« (1980); »Schwestern. Roman« (1982). Dazu Hörspiele, Essays, Übersetzungen aus dem Rumänischen, Italienischen, Französischen, Spanischen.
»wovon träumt aber der kranke general«, Erstdruck (entstanden 1974 oder 1975 im Umkreis des Romans »Der Schwimmer«); »Masken unterirdisch«, in »DIE PRESSE«, 1984, »Gesicht«, Erstdrucke; »Vor der Küste« in: »Sturzflüge« 5 (1983, Bozen); »Aloe, o Aloe«, Erstdruck; »Marie-Thérèse Kerschbaumer im Gespräch 1985« aus: »Ich muß rücksichtslos schreiben und immer rücksichtsloser. Barbara Alms im Gespräch mit Marie-Thérèse Kerschbaumer.« In: »Umbruch« 4/1986.

Foto: Isolde Ohlbaum

FRIEDERIKE MAYRÖCKER geb. 1924 in Wien, 1946–1969 als Englischlehrerin tätig, lebt seither als »freie« Schriftstellerin in Wien. Bisher ca. 40 Buchveröffentlichungen. Auswahl: »Larifari. Ein konfuses Buch« (1956); »Tod durch Musen. Poetische Texte« (1966); »Minimonsters Traumlexikon. Texte in Prosa« (1968); »Fantom Fan« (1971); »Arie auf tönernen Füszen. Metaphysisches Theater« (1972); »Das Licht in der Landschaft« (1975); »Fast ein Frühling des Markus M.« (1976); »rot ist unten« (1977); »Heiligenanstalt« (1978); »Die Abschiede« (1980); »Gute Nacht, guten Morgen. Gedichte 1978–1981« (1982); »Magische Blätter« (1983); »Reise durch die Nacht« (1984); »Das Herzzerreißende der Dinge« (1985); »Winterglück. Gedichte« (1986).
»wienumschlungen« in: »Sinn und Form« 6, 1984; »Friederike Mayröcker im Gespräch 1983« in: Siegfried J. Schmidt (Hrsg.), »Friederike Mayröcker«, suhrkamp taschenbuch materialien (1984), S. 273; »kleines Öl« in: »Mein Körper. Literaturalmanach 1985« (1985); »Weshalb man immer hartnäkkiger« in: »protokolle« 4, 1982; »blauer Streusand«: eine veränderte Fassung findet sich in »Winterglück« (1986); »Lebenskünstler« und »die Überflutung« in: »Winterglück« (1986); »comicstrip, eine Oper« und »BONANZA oder UNSTERN ÜBER WIEN« in: »Arie auf tönernen Füszen. Metaphysisches Theater« (1972); »Die meine Arbeit begleitenden Theorien und Ansichten ...« in: »jardin pour friederike mayröcker«, hrsg. von Heimrad Bäcker (1978); »Tod durch Musen. (modell 9 / euterpe)« in: »Tod durch Musen. Poetische Texte« (1966).

Foto: Öhner Reinhard

HEIDI PATAKI geb. 1940 in Wien, Studium der Publizistik, Kunstgeschichte und Nationalökonomie, arbeitet seit 1970 als Redakteurin der Wiener Monatszeitschrift »Neues Forum«, 1981–1983 als Redakteurin der »Filmschrift«; langjährige freie Mitarbeit für HR, SFB, ORF. Buchveröffentlichungen: »schlagzeilen. gedichte« (1968); »fluchtmodelle«, Essays (1972); »stille post«, Gedichte (1978); »frühlings wachen und andere gedichte« (1981). Dazu Übersetzungen und weitere Essays.

»schicksals nixe oder epitaph für ein ›i‹« und »gut & schön« in: »Die Schwarze Botin« 29, 1985/86; »schöner wohnen« in: »Neues Forum« 327/328, Wien 1981; »frühlings wachen« in: »Die Schwarze Botin« 23, 1984; »autodafé« in: Sonderband »die horen«, »Grenzüberschreitungen oder Literatur und Wirklichkeit« (1982); »Red River« und »winter« in: »Frühlings Wachen und andere Gedichte« (1981); »angel esterminador« in »Neues Forum« 335/336, 1981; »verbannung« in: »Frühlings Wachen und andere Gedichte« (1981); »süße fülle« in: »Die Schwarze Botin« 23, 1984; »von der paradoxie des gedichts« in: Sonderband »die horen«, »Grenzüberschreitungen oder Literatur und Wirklichkeit« (1982).

Privatfoto

KATHARINA RIESE geb. 1946 in Linz, studierte Volkskunde und Kunstgeschichte in Wien und Basel, promoviert, veröffentlichte Prosa und Gedichte in Zeitschriften und Anthologien, dazu Rezensionen; lebt in Wien. Buchveröffentlichung: »In wessen Garten wächst die Leibesfrucht? Das Abtreibungsverbot und andere Bevormundungen. Gedanken über die Widersprüche im Zeugungsgeschäft« (1983).
»Selbstportrait mit Taube« in: »Die Schwarze Botin« 26, 1985; »Nebenfach Kunstgeschichte« in: »Falter« 26, Wien 1985; »Kalte Krieger«, Erstdruck.

Foto: Liesl Ujvary

MAGDALENA SADLON geb. 1956 in Zlate Moravce (CSSR), 1968 nach Österreich immigriert, studierte Slawistik in Wien, erwarb 1981 das Schauspiel-Diplom am Brucknerkonservatorium in Linz, arbeitet als Regisseurin und Regieassistentin in Theater und Film, lebt in Wien. Veröffentlichungen von Prosa und Lyrik in verschiedenen Zeitschriften und Anthologien seit 1984.

»Die zärtlichgrossen Seelen, die nimmer sind«, »Wahnsinn und gerechte Gesellschaft« und »Morgen wird alles ein Ende haben« in: »manuskripte« 94, 1986; »Und meine Asche liegt«, »Ein trüber Spaziergang im Mai. Wolken« und »Warum ein erotisches Gedicht lieben«, Erstdrucke; »Textcollage. Das Anagramm«, Erstdruck; »4 Scrabble-Bilder«, z. T. in: »manuskripte« 94, 1986.

Foto: Brigitta Falkner

LIESL UJVARY geb. 1939 in Preßburg/CSSR, studierte Slawistik und althebräische Literatur- und Kunstgeschichte in Wien und Zürich, promoviert, Aufenthalte (Lehrauftrag für russische Sprache und Literatur) in Tokio und Moskau, lebt seit 1972 als »freie« Schriftstellerin in Wien. Buchveröffentlichungen: »sicher & gut. experimentelle poetische texte« (1977); »Fotoroman Bisamberg« (1980); »rosen, zugaben« (1983); »Menschen & Pflanzen Portraits«, Fotografien (1983); »Schöne Stunden«, Prosa (1984). Dazu Herausgeberin »inoffizieller« sowjetischer Dichtung, Verfasserin von Essays und Hörspielen, Fotoarbeiten.
»Wie gehts?«, »Was die Welt zusammenhält« und »Heraus damit!« in: »sicher & gut« (1977); »Tiere. Ein Kapitel aus der Traumarbeit«, Erstdruck; »Es ist ja alles ganz anders«, Erstdruck; »Märchen zur Person« in: »Die Presse«, Wien 25./26. 7. 1981.

Foto: Chris Koch

BARBARA ALMS geb. 1945 in Osterburg/DDR, Studium der Germanistik, Philosophie und Kunstgeschichte, lebt in Bremen. Veröffentlichungen von Rezensionen und Essays.

75/1/8.84

»Feminismus«

Ausgewählte Literatur im Suhrkamp Verlag

Kindeswohl. Eine interdisziplinäre Untersuchung über seine Verwirklichung in der vormundschaftsgerichtlichen Praxis. Von S. Simitis, L. Rosenkötter, R. Vogel, B. Boost-Muss, M. Frommann, J. Hopp, H. Koch, G. Zenz. stw 292

Kindheit als Fiktion. Berichte von M. Köhler, H. Hengst, B. Riedmüller, M. Wambach. es 1081

Meillassoux, Claude: »Die wilden Früchte der Frau«. Über häusliche Produktion und kapitalistische Wirtschaft. Übersetzt von Eva Moldenhauer. stw 447

Métral, Marie-Odile: Die Ehe. Analyse einer Institution. Mit einem Vorwort von Philippe Ariès. Übersetzt von Max Looser. stw 357

Michelet, Jules: Die Frauen der Revolution. Herausgegeben und übersetzt von Gisela Etzel. it 726

Miller, Alice: Das Drama des begabten Kindes und die Suche nach dem wahren Selbst. st 950

– Am Anfang war Erziehung. st 951

– Du sollst nicht merken. Variationen über das Paradies-Thema. st 952

Mitchell, Juliet: Psychoanalyse und Feminismus. Freud, Reich, Laing und die Frauenbewegung. Übersetzt von Brigitte Stein. Leinen

Prinzhorn, Hans: Gespräch über Psychoanalyse zwischen Frau, Dichter und Arzt. Mit einem Nachwort herausgegeben von B. Urban. st 669

Prokop, Ulrike: Weiblicher Lebenszusammenhang. Von der Beschränktheit der Strategien und der Unangemessenheit der Wünsche. es 808

Pusch, Luise F.: Das Deutsche als Männersprache. Aufsätze und Glossen zur feministischen Linguistik. es 1217

Riedmüller, B. / Kickbusch, J. (Hg.): Die armen Frauen. es 1156

Rosenbaum, Heidi: Formen der Familie. Untersuchungen zum Zusammenhang von Familienverhältnissen, Sozialstruktur und sozialem Wandel in der deutschen Gesellschaft des 19. Jahrhunderts. stw 374

Rossanda, Rossana: Einmischung. Gespräche mit Frauen über ihr Verhältnis zu Politik, Freiheit, Gleichheit, Brüderlichkeit, Demokratie, Faschismus, Widerstand, Staat, Partei, Revolution, Feminismus. Aus dem Italienischen übersetzt von Maja Pflug, Andrea Spingler und Burkhart Kroeber. st 921

Rüpke, Giselher: Schwangerschaftsabbruch und Grundgesetz. Nachwort von Peter Schneider. es 815

Runge, Erika: Frauen. Versuche zur Emanzipation. es 359

75/2/8.84

»Feminismus«

Ausgewählte Literatur im Suhrkamp Verlag

Schlegel, Friedrich: Theorie der Weiblichkeit. Herausgegeben von Winfried Menninghaus. it 679

Schwarzer, Alice: Lohn: Liebe. Zum Wert der Frauenarbeit. es 1225

Weber-Kellermann, Ingeborg: Die deutsche Familie. Versuch einer Sozialgeschichte. st 185

Wesel, Uwe: Der Mythos vom Matriarchat. Über Bachofens Mutterrecht und die Stellung von Frauen in frühen Gesellschaften vor der Entstehung staatlicher Herrschaft. stw 333

Wunderle, Michaela: Politik der Subjektivität. Texte der italienischen Frauenbewegung. es 884

75/3/8.84

suhrkamp taschenbücher
Eine Auswahl

Abish: Wie deutsch ist es 1135
Achternbusch: Alexanderschlacht 1232
– Die Atlantikschwimmer 1233
– Die Olympiasiegerin 1031
– 1969 1231
Adorno: Erziehung zur Mündigkeit 11
– Studien zum autoritären Charakter 107
Aitmatow: Der weiße Dampfer 51
Alain: Die Pflicht, glücklich zu sein 859
Alberti: Der verlorene Hain 1171
Alegría: Die hungrigen Hunde 447
Anders: Erzählungen. Fröhliche Philosophie 432
Ansprüche. Verständigungstexte von Frauen 887
Ansprüche. Verständigungstexte von Männern 1173
Antonioni: Zabriskie Point 1212
Arendt: Die verborgene Tradition 303
Armstrong: Kiss Daddy Goodnight 995
Artmann: The Best of H. C. Artmann 275
– Gedichte über die Liebe 1033
Augustin: Eastend 1176
Ba Jin: Die Familie 1147
Bachmann: Malina 641
Ball: Hermann Hesse 385
Ballard: Billenium 896
– Die Dürre 975
– Hallo Amerika! 895
– Das Katastrophengebiet 924
– Mythen der nahen Zukunft 1167
– Der tote Astronaut 940
Barnet: Das Lied der Rachel 966
Baur: Überleben 1098
Beach: Shakespeare and Company 823
Beck: Krankheit als Selbstheilung 1126
Becker, Jürgen: Die Abwesenden 882
Becker, Jurek: Aller Welt Freund 1151
– Irreführung der Behörden 271
– Jakob der Lügner 774
Beckett: Der Ausgestoßene 1006
– Endspiel 171
– Glückliche Tage 248
– Malone stirbt 407
– Der Namenlose 546
– Warten auf Godot 1
– Wie es ist 1262
Behrens: Die weiße Frau 655
Beig: Hochzeitslose 1163
– Rabenkrächzen 911
Bender: Der Hund von Torcello 1075
Benjamin: Deutsche Menschen 970
– Illuminationen 345
Benjamin/Scholem: Briefwechsel 1211
Berkéwicz: Josef stirbt 1125
Bernhard: Frost 47
– Gehen 5
– Der Kulterer 306
Bertaux: Hölderlin 686
Beti: Perpétue und die Gewöhnung ans Unglück 677
Bierce: Das Spukhaus 365
Bioy Casares: Die fremde Dienerin 962
– Morels Erfindung 939

2/1/8.86

– Der Traum des Helden 1185
Blatter: Kein schöner Land 1250
– Love me tender 883
Bloch: Freiheit und Ordnung 1264
Böni: Die Fronfastenkinder 1219
Bohrer: Ein bißchen Lust am Untergang 745
Brandão: Null 777
Brasch: Kargo 541
– Der schöne 27. September 903
Braun, J. u. G.: Conviva Ludibundus 748
– Der Fehlfaktor 687
– Die unhörbaren Töne 983
Braun, Volker: Gedichte 499
– Das ungezwungene Leben Kasts 546
Brecht: Gedichte für Städtebewohner 640
– Gedichte über die Liebe 1001
– Geschichten vom Herrn Keuner 16
Brecht-Liederbuch 1216
Bertolt Brechts Dreigroschenbuch 87
Brentano: Theodor Chindler 892
Broch, Hermann: Gedichte 572
– Massenwahntheorie 502
– Schlafwandler 472
– Die Schuldlosen 209
– Der Tod des Vergil 296
– Die Verzauberung 350
Brod: Der Prager Kreis 547
Buch: Die Hochzeit von Port-au-Prince 1260
– Karibische Kaltluft 1140
Cain: Serenade in Mexiko 1164
Campbell: Der Heros in tausend Gestalten 424
Carossa: Der Arzt Gion 821
Carpentier: Explosion in der Kathedrale 370
– Krieg der Zeit 552
Celan: Atemwende 850
Christo: Der Reichstag 960
Cioran: Vom Nachteil geboren zu sein 549
– Syllogismen der Bitterkeit 607
Cortázar: Album für Manuel 936
– Das Feuer aller Feuer 298
Dahrendorf: Die neue Freiheit 623
Dorst: Merlin oder das wüste Land 1076
Dorst/Fallada: Kleiner Mann – was nun? 127
Duras: Ganze Tage in den Bäumen 1157
– Moderato cantabile 1178
– Die Verzückung der Lol V. Stein 1079
– Der Vize-Konsul 1017
Eich: Fünfzehn Hörspiele 120
Eliade: Kosmos und Geschichte 1273
– Yoga 1127
Eliot: Die Dramen 191
Enzensberger: Der kurze Sommer der Anarchie 395
– Politische Brosamen 1132
– Der Untergang der Titanic 681
Erikson: Lebensgeschichte und historischer Augenblick 824
Eschenburg: Über Autorität 178
Fanon: Die Verdammten dieser Erde 668
Federspiel: Die Märchentante 1234
– Der Mann, der Glück brachte 891
– Massaker im Mond 1286
Feldenkrais: Bewußtheit durch Bewegung 429
Fleißer: Abenteuer aus dem Englischen Garten 925
– Ein Pfund Orangen 991
– Eine Zierde für den Verein 294

2/2/8.86

Franke: Der Atem der Sonne 1265
– Die Kälte des Weltraums 990
– Keine Spur von Leben 741
– Schule für Übermenschen 730
– Tod eines Unsterblichen 772
– Zone Null 585
Freund: Drei Tage mit J. Joyce 929
Fries: Das nackte Mädchen auf der Straße 577
Frisch: Andorra 277
– Dienstbüchlein 205
– Gesammelte Werke Bd. 1-7 1401-1407
– Homo faber 354
– Mein Name sei Gantenbein 286
– Der Mensch erscheint im Holozän 734
– Montauk 700
– Stiller 105
– Tagebuch 1946–1949 1148
– Tagebuch 1966–1971 256
– Wilhelm Tell für die Schule 2
Fromm/Suzuki/de Martino: Zen-Buddhismus und Psychoanalyse 37
Fuentes: Nichts als das Leben 343
Fühmann: 22 Tage oder die Hälfte des Lebens 463
Gabeira: Die Guerilleros sind müde 737
Gandhi: Mein Leben 953
García Lorca: Dichtung vom Cante Jondo 1007
– Das Publikum 1207
Ginzburg: Caro Michele 863
– Mein Familienlexikon 912
Goetz: Irre 1224
Goytisolo: Identitätszeichen 1133
– Rückforderung des Conde don Julián 1278
– Spanien und die Spanier 861
Griaule: Schwarze Genesis 624
Gründgens' Faust 838
Gulyga: Immanuel Kant 1093
Handke: Als das Wünschen noch geholfen hat 208
– Die Angst des Tormanns beim Elfmeter 27
– Ich bin ein Bewohner des Elfenbeinturms 56
– Kindergeschichte 1071
– Der kurze Brief 172
– Langsame Heimkehr 1069
– Die Lehre der Sainte-Victoire 1070
– Die linkshändige Frau 560
– Die Stunde der wahren Empfindung 452
– Über die Dörfer 1072
– Wunschloses Unglück 146
Hesse: Aus Indien 562
– Berthold 1198
– Casanovas Bekehrung 1196
– Demian 206
– Emil Kolb 1202
– Gertrud 890
– Das Glasperlenspiel 79
– Die Heimkehr 1201
– Heumond 1194
– Karl Eugen Eiselein 1192
– Kinderseele 1203
– Klein und Wagner 116
– Klingsors letzter Sommer 1195
– Die Kunst des Müßiggangs 100
– Kurgast 383
– Ladidel 1200
– Der Lateinschüler 1193
– Lektüre für Minuten 7
– Die Morgenlandfahrt 750
– Narziß und Goldmund 274
– Die Nürnberger Reise 227
– Peter Camenzind 161
– Roßhalde 312
– Siddhartha 182
– Der Steppenwolf 175
– Unterm Rad 52
– Walter Kömpf 1199

2/3/8.86

– Der Weltverbesserer 1197
Hildesheimer: Marbot 1009
– Mitteilungen an Max 1276
– Mozart 598
Höllerer: Die Elephantenuhr 266
Hohl: Die Notizen 1000
Horváth: Ein Kind unserer Zeit 1064
– Geschichten aus dem Wiener Wald 1054
– Italienische Nacht 1053
– Jugend ohne Gott 1063
Hrabal: Erzählungen 805
Huchel: Gezählte Tage 1097
Hürlimann: Die Tessinerin 985
Hughes: Ein Sturmwind auf Jamaica 980
Im Jahrhundert der Frau 1011
Innerhofer: Die großen Wörter 563
– Schöne Tage 349
Inoue: Die Eiswand 551
– Der Stierkampf 944
Janker: Zwischen zwei Feuern 1251
Jens: Republikanische Reden 512
Johnen/Zech: Allgemeine Musiklehre 1218
Johnson: Das dritte Buch über Achim 169
– Mutmassungen über Jakob 147
Jonas: Das Prinzip Verantwortung 1085
Joyce, James: Anna Livia Plurabelle 751
– Giacomo Joyce 1003
Joyce, Stanislaus: Das Dubliner Tagebuch 1046
Kästner: Der Hund in der Sonne 270
Kaminski: Die Gärten des Mullay Abdallah 930
– Herzflattern 1080
Kasack: Fälschungen 264
Kaschnitz: Der alte Garten 387
– Jennifers Träume 1022
– Tage, Tage, Jahre 1141
Kawerin: Das Ende einer Bande 992
Kenkô: Betrachtungen aus der Stille 1227
Kirchhoff: Einsamkeit der Haut 919
Koch, Werner: Jenseits des Sees 718
– See-Leben I 132
– Wechseljahre oder See-Leben II 412
Koeppen: Amerikafahrt 802
– Die Mauer schwankt 1249
– Romanisches Café 71
– Tauben im Gras 601
– Der Tod in Rom 241
– Das Treibhaus 78
Koestler: Der Yogi und der Kommissar 158
Kohl: Entzauberter Blick 1272
Komm: Der Idiot des Hauses 728
Konrád: Der Besucher 492
– Der Komplize 1220
Kracauer: Das Ornament der Masse 371
Kraus: Aphorismen 1318
– Die letzten Tage der Menschheit 1320
Kreuder: Die Gesellschaft vom Dachboden 1280
Kroetz: Der Mondscheinknecht 1039
– Der Mondscheinknecht. Fortsetzung 1241
Krolow: Das andere Leben 874
– Ein Gedicht entsteht 95
Kühn: Der Himalaya im Wintergarten 1026
– Josephine 587
– Die Präsidentin 858
– Stanislaw der Schweiger 496

2/4/8.86

Kundera: Abschiedswalzer 591
– Das Buch vom Lachen und Vergessen 868
– Das Leben ist anderswo 377
Laederach: Sigmund 1235
Lao She: Die Stadt der Katzen 1154
le Fort: Die Tochter Jephthas und andere Erzählungen 351
Lem: Also sprach GOLEM 1266
– Altruizin 1215
– Der futurologische Kongreß 534
– Imaginäre Größe 658
– Mondnacht 729
– Nacht und Schimmel 356
– Robotermärchen 856
– Die Stimme des Herrn 907
– Terminus 740
– Wie die Welt noch einmal davonkam 1181
Lenz, Hermann: Andere Tage 461
– Die Augen eines Dieners 348
– Die Begegnung 828
– Tagebuch vom Überleben 659
Leutenegger: Ninive 685
– Vorabend 642
Lezama Lima: Paradiso 1005
Link: Tage des schönen Schreckens 763
Lipuš: Der Zögling Tjaž 993
Loerke: Die Gedichte 1049
– Tagebücher 1903-1939 1242
Lovecraft: Berge des Wahnsinns 220
– Cthulhu 29
– Das Ding an der Schwelle 357
Majakowski: Her mit dem schönen Leben 766
Malson: Die wilden Kinder 55
Mao Dun: Shanghai im Zwielicht 920
Maupassant: Die Totenhand 1040
Mayer: Außenseiter 736
Mayröcker. Ein Lesebuch 548
Meier: Der schnurgerade Kanal 760
Meyer: Eine entfernte Ähnlichkeit 242
– Ein Reisender in Sachen Umsturz 927
Miller: Am Anfang war Erziehung 951
– Das Drama des begabten Kindes 950
– Du sollst nicht merken 952
Miłosz: Verführtes Denken 278
Mitscherlich: Ein Leben für die Psychoanalyse 1010
– Massenpsychologie ohne Ressentiment 76
Molière: Drei Stücke 486
Mommsen: Hofmannsthal und Fontane 1228
Morante: Lüge und Zauberei 701
Moser: Familienkrieg 1169
– Grammatik der Gefühle 897
– Lehrjahre auf der Couch 352
Muschg: Fremdkörper 964
– Gegenzauber 665
– Liebesgeschichten 164
– Mitgespielt 1083
Museum der modernen Poesie 476
Neruda: Liebesbriefe an Albertina Rosa 829
Nizon: Canto 319
Nossack: Das kennt man 336
– Der jüngere Bruder 133
– Um es kurz zu machen 255
O'Brien: Irischer Lebenslauf 986
Offenbach: Sonja 688
Onetti: Das kurze Leben 661
Oz, Im Lande Israel 1066
Paz: Essay I/II 1036
Pedretti: Heiliger Sebastian 769

2/5/8.86

– Die Zertrümmerung von dem Karl 1156
Penzoldts schönste Erzählungen 216
Phantastische Aussichten 1188
Phantastische Träume 954
Phantastische Welten 1068
Plenzdorf: Die Legende vom Glück ohne Ende 722
– Die neuen Leiden des jungen W. 300
– Gutenachtgeschichte 958
Plessner: Die Frage nach der Conditio humana 361
Poe: Der Fall des Hauses Ascher 517
Portmann: Biologie und Geist 124
Proust: Die Entflohene 918
– Die Gefangene 886
– Im Schatten junger Mädchenblüte. 2 Bde. 702
– In Swanns Welt 644
– Sodom und Gomorra. 2 Bde. 822
Puig: Die Engel von Hollywood 1165
– Der Kuß der Spinnenfrau 869
Ramos: Karges Leben 667
Regler: Das große Beispiel 439
Reinshagen: Das Frühlingsfest 637
Ribeiro: Maíra 809
Rochefort: Frühling für Anfänger 532
– Die Welt ist wie zwei Pferde 1244
– Zum Glück gehts dem Sommer entgegen 523
Rodoreda: Auf der Plaça del Diamant 977
Roumain: Herr über den Tau 675
Russell: Eroberung des Glücks 389
Sanzara: Die glückliche Hand 1184
Schertenleib: Die Ferienlandschaft 1277
Schimmang: Das Ende der Berührbarkeit 739
Schivelbusch: Intellektuellendämmerung 1121
Schleef: Gertrud 942
Schneider: Der Balkon 455
– Der Friede der Welt 1048
– Die Hohenzollern 590
Schröder: Fülle des Daseins 1029
Scorza: Trommelwirbel für Rancas 584
Semprun: Die große Reise 744
– Yves Montand: Das Leben geht weiter 1279
Sender: Der Verschollene 1037
Shaw: Der Aufstand gegen die Ehe 328
– Mensch und Übermensch 987
– Der Sozialismus und die Natur des Menschen 121
– Unreif 1226
Soriano: Das Autogramm 1252
– Traurig, Einsam und Endgültig 928
Spectaculum 1-15 900
Spectaculum 16-25 1050
Sperr: Bayrische Trilogie 28
Steiner: Ein Messer für den ehrlichen Finder 583
– Schnee bis in die Niederungen 935
Sternberger: Drei Wurzeln der Politik 1032
– Die Politik und der Friede 1237
– Die Stadt als Urbild 1166
Stierlin: Delegation und Familie 831
Stolze: Innenansicht 721
– Nachkriegsjahre 1094

2/6/8.86

Strätz: Frosch im Hals 938
Strindberg: Ein Lesebuch für die niederen Stände 402
Struck: Die Mutter 489
Strugatzki, A. u. B.: Der ferne Regenbogen 956
– Fluchtversuch 872
– Die gierigen Dinge des Jahrhunderts 827
Das Suhrkamp Taschenbuch 1100
Tango 1087
Tendrjakow: Die Abrechnung 965
Terlecki: Ruh aus nach dem Lauf 1030
Timmermans: Der Heilige der kleinen Dinge 611
Unseld: Der Autor und sein Verleger 1204
– Begegnungen mit Hermann Hesse 218
– Hermann Hesse. Werk- und Wirkungsgeschichte 1257
– Peter Suhrkamp 260
Vargas Llosa: Gespräch in der Kathedrale 1015
– Der Hauptmann und sein Frauenbataillon 959
Vogt: Schnee fällt auf Thorn 755
Waggerl: Brot 299
– Das Jahr des Herrn 836
Walser, Martin: Die Anselm Kristlein Trilogie. 3 Bde. 684
– Ehen in Philippsburg 1209
– Ein fliehendes Pferd 600
– Jenseits der Liebe 525
– Liebeserklärungen 1259
– Das Schwanenhaus 800
– Seelenarbeit 901
Walser, Robert: Bedenkliche Geschichten 1115
– Der Gehülfe 1110
– Geschwister Tanner 1109
– Jakob von Gunten 1111
– Poetenleben 1106
– Der Räuber 1112
– Wenn Schwache sich für stark halten 1117
– Zarte Zeilen 1118
Watts: Der Lauf des Wassers 878
– Vom Geist des Zen 1288
Weber-Kellermann: Die deutsche Familie 185
Weiß, Ernst: Der Aristokrat 792
– Der arme Verschwender 795
– Der Augenzeuge 797
– Die Feuerprobe 789
– Die Galeere 784
– Der Gefängnisarzt 794
– Georg Letham 793
– Mensch gegen Mensch 786
Weiss, Peter: Das Duell 41
Wilhelm: Die Wandlung 1146
Winkler: Das wilde Kärnten. 3 Bde. 1042–1044
Zeemann: Einübung in Katastrophen 565
– Das heimliche Fest 1285
Zweig: Brasilien 984

2/7/8.86